BIBLIOTHÈQUE DE LA *SEMAINE DES CONSTRUCTEURS*

LES ÉGLISES

DE

L'ILE-DE-FRANCE

PAR

Emile LAMBIN

Professeur d'histoire et d'archéologie nationale
à l'Institut populaire du Trocadéro
Associé-correspondant de la Société nationale des Antiquaires de France

EN VENTE

AUX BUREAUX DE LA *SEMAINE DES CONSTRUCTEURS*

4, Boulevard Poissonnière — Paris

1898

LES ÉGLISES

DE

L'ILE-DE-FRANCE

LES ÉGLISES

DE

L'ILE-DE-FRANCE

PAR

EMILE LAMBIN

Professeur d'histoire et d'archéologie nationale
à l'Institut populaire du Trocadéro
Associé-correspondant de la Société nationale des Antiquaires de France

EN VENTE

AUX BUREAUX DE LA *SEMAINE DES CONSTRUCTEURS*

4, Boulevard Poissonnière — Paris

1898

PRÉFACE

De nos jours, on s'est beaucoup occupé des origines de l'Architecture gothique, et les remarquables travaux publiés sur ce sujet ont imprimé aux études archéologiques un caractère rigoureusement scientifique. Or, un fait acquis à la science, c'est que l'ancienne province de l'Ile-de-France a été la terre natale de cette architecture.

D'après les données les plus probables, c'est dans la région comprise entre la Seine, l'Oise, l'Aisne et la Marne, région dont Senlis est le centre, et en prenant encore le pays qui s'étend de l'Oise à Beauvais, que le gothique a fait son apparition. Là sont les Eglises les plus anciennes et les plus pures ; là, tout respire la grandeur, la noblesse et l'élégance.

On a dit, et nous l'avons souvent répété avec intention, que l'Ile-de-France avait été l'Attique de notre Patrie au Moyen-Age, que ses artistes, comme les artistes grecs, avaient cherché le *Beau* et l'avaient trouvé ; qu'il n'y a eu dans l'humanité que deux grandes écoles, l'école grecque et l'école gothique, parce qu'elles s'étaient inspirées des idées et des sentiments des peuples chez lesquels elles étaient nées, la première représentant le paganisme, la seconde réprésentant le christianisme. C'est pourquoi, partant de ces principes d'origine et d'esthétique, nous avons résolu d'étudier un groupe d'Eglises de l'Ile-de-France, en choisissant celles qui donnent l'art dans sa fleur ou dans sa maturité, c'est-à-dire des édifices du xiie et du xiiie siècles. Les édifices purement romans ou dans lesquels le gothique ne fait qu'apparaître, ont été écartés, ces monuments étant étudiés en ce moment par un groupe de très savants archéologues qui semblent avoir fait de cette étude leur spécialité.

On s'étonnera, sans doute, de voir figurer parmi nos Eglises la cathédrale de Reims. Elle y figure comme *édifice de comparaison*, sa sculpture étant précisément celle qui paraît différer le plus de la sculpture de la région primitive du gothique.

En 1896, nous avons publié un volume ayant pour titre : *Les Eglises des Environs de Paris étudiées au point de vue de la Flore ornementale.* Cet ouvrage donnait la description des Eglises les plus proches de Paris. La présente publication peut être considérée comme lui faisant suite, avec cette différence que la partie architecturale y est traitée avec plus de développement et sur le même pied que la partie florale.

Peut-être que ceux qui aiment le gothique, architectes, sculpteurs, dessinateurs, décorateurs, peintres-verriers, nous sauront gré de leur indiquer avec précision où il faut aller pour trouver l'art du Moyen-Age dans sa pureté native, et de les conduire dans ce beau pays d'Ile-de-France, où nos premiers artistes ont puisé leurs plus hautes inspirations.

LES ÉGLISES

DE L'ILE-DE-FRANCE

SAINT-GERMAIN DE CHARONNE

LE nom de Charonne est très ancien. L'abbé Lebeuf, qui devina souvent ce que la science moderne a depuis démontré, dit que ce nom peut provenir d'une autre langue que le latin, et probablement de celle des Gaulois. Ce en quoi, comme nous allons le voir, il ne s'est pas trompé (1). Aussi les étymologies latines qu'il avait cru cependant devoir proposer sont-elles aujourd'hui abandonnées.

Le texte le plus ancien où figure le nom de Charonne est une charte du roi Robert, dans laquelle on lit : *In potestate quoque Cataronis mansus unus arabilis terræ cum vinearum fœcunditate. Cataronis* est le génitif de *Cataro*. Dans son ouvrage intitulé *Recherches sur les origines de la propriété foncière en France et des noms de lieux habités*, M. d'Arbois de Jubainville, l'éminent professeur du Collège de France, pense que le mot grec *catharos*, pur, avec suffixe gaulois, a donné *Cataroonis*, nom d'homme, d'où *Catarona*, la demeure de *Cataro*. Il y a quelques jours, nous avions l'honneur de nous entretenir avec M. d'Arbois de Jubainville, et nous lui parlions de l'étymologie du nom de Charonne. Ce maître s'intéressa à cette question et se livra à de nouvelles recherches, à la suite des-

____

(1) Lebeuf, *Histoire de la Ville et de tout le Diocèse de Paris*, t. III, p. 142-143.

quelles il nous proposa l'étymologie suivante, bien gauloise celle-là, et qui lui parut préférable à la première. Au livre III, chapitre 25, de l'*Histoire naturelle* de Pline, il est fait mention des Catari, peuple de la Pannonie inférieure, dont le territoire était situé entre ceux des Belgiates et des Cornacates, ces derniers ayant pour capitale *Cornacum*, aujourd'hui Voucovar, en Hongrie, à peu de distance du confluent du Danube et de la Drave. Ces trois peuples étaient incontestoblement gaulois. Or, le nom des Catari dérive de *catos*, équivalent de *catus*, qui signifie sage. De Catari est venu le nom d'homme *Cataro-onis*, d'où *Catarona*, la résidence de *Cataro*. Telle serait l'étymologie vraie du nom de Charonne, que l'on retrouve ensuite dans les chartes sous les formes *Karrona*, *Carrona*, et enfin *Charonna*.

Le territoire de Charonne était couvert de vigne. Elle y était belle, comme le dit la charte du bon roi Robert. C'est de Charonne qu'au Moyen-Age l'évêque de Paris et le chapitre tiraient leur vin (1). Cette culture a continué fort tard dans cette ancienne commune, qui fait actuellement partie de Paris. Nous avons connu, étant enfant, les vignes de Charonne, qui ont si bien inspiré les sculpteurs des chapiteaux de l'église que nous allons étudier.

La paroisse de Charonne remonte aussi à un lointain passé. On raconte que saint Germain, l'illustre évêque d'Auxerre, dans l'un des deux voyages qu'il fit en Grande-Bretagne, s'arrêta en ce lieu et que là, en présence des habitants de Paris accourus en foule sur son passage, il opéra un miracle, dont on voulut perpétuer la mémoire par l'érection d'un oratoire, qui, bientôt sans doute, devint église paroissiale. Saint Germain d'Auxerre fut une des grandes figures de l'Église des Gaules au ve siècle. Dans l'un des deux voyages dont nous parlons, il passa aussi par Nanterre et consacra au Seigneur la vierge Geneviève, qui devint la patronne de Paris, dont saint Denis était l'apôtre. Il ne faut pas confondre saint Germain d'Auxerre avec saint Germain, évêque de Paris, qui vécut au viie siècle et dont nous aurons probablement à parler un jour. Le premier est le patron de l'église de Charonne et de l'église Saint-Germain

---

(1) Lebeuf, *loc. cit.*, p. 145.

l'Auxerrois. Le second est tout à la fois le fondateur et le patron de Saint-Germain-des-Prés. Ces deux évêques, comme saint Denis, saint Martin, saint Rémy et d'autres encore, sont pour nous des saints nationaux. Avec saint Pierre, saint Etienne et saint Laurent, ils furent très populaires au Moyen-Age, surtout dans la région parisienne. Ceci dit sur les origines de Charonne, arrivons à la description de l'église.

*
* *

Cette église est située sur la pente d'un coteau. On y parvient par un large escalier de pierre qui compte trente et une marches. Si, au lieu d'entrer de suite dans l'édifice, on pénètre dans le cimetière qui entoure sa partie nord, le monument vu de ce côté et à distance, a un aspect curieux. Le mur du bas-côté semble s'enfoncer en terre, tandis que son immense toit de tuiles grises paraît vouloir monter jusqu'au coq du clocher situé du côté opposé. Il y a là un effet de perspective très pittoresque. Joignez à cela les vieux arbres dans lesquels chantent au soleil les oiseaux du cimetière, et vous vous croirez bien loin de Paris. On fait souvent beaucoup de chemin pour trouver une église de campagne à dessiner. Sans franchir le mur d'enceinte, un artiste trouverait ici le sujet d'un gracieux tableau. Entrons dans l'édifice.

Cet édifice se compose d'une nef à trois travées, d'un chœur formé d'une seule travée et de deux bas-côtés, aussi élevés que la nef, et qui vont jusqu'à l'extrémité du chœur. Le tout, chœur et bas-côtés, se termine par un mur droit. La nef avait à l'origine deux ou trois travées de plus, mais ces travées ont été abattues, nous dit Lebeuf, à la suite d'un incendie dont on voyait encore des traces de son temps (1). On a alors fermé l'église par un gros mur, et on a ouvert une porte dans le bas-côté droit, près du clocher, porte ornée de deux petits pilastres grecs et d'un fronton triangulaire surmonté d'une croix.

Saint-Germain de Charonne est de deux époques. Au commencement du xiiie siècle, on construisit un premier édifice dans le beau style du gothique primitif. Au xve siècle, cet édifice étant sans doute devenu trop étroit pour le nombre des

______

(1) Lebeuf, *loc. cit.*, p. 146.

fidèles, on le démolit pour en construire un plus spacieux, en réservant cependant la demi-travée de la nef et la travée du bas-côté droit sur lesquelles porte le clocher. Cette partie ancienne présente un grand intérêt, comme nous allons le voir en

CHAPITEAU DE SAINT-GERMAIN DE CHARONNE

parlant de l'ornementation. Ce qui donne au monument un caractère original, c'est l'alternance, à droite et à gauche, des arcs surbaissés du xvᵉ siècle avec l'arc brisé des siècles précédents, que les nouveaux constructeurs ont reproduit. Ainsi, la première travée de la nef présente deux arcs surbaissés, la deuxième deux arcs brisés, la troisième deux arcs surbaissés et la quatrième deux arcs brisés. Les piliers de la nef, sauf les deux de la partie ancienne, sont ronds ou de forme octogonale. Leur surface est divisée par de très menues colonnettes qui ont leurs petites bases, et de non moins petits chapiteaux, formés d'un simple bouquet de feuillage. Au-dessus de ces colonnettes, à la naissance des arcs, les piliers se couronnent d'une arcature trilobée fine et élégante du meilleur effet. Les deux piliers de la partie ancienne sont très beaux, surtout le premier. Nous avons là le pilier cantonné en croix avec son chapiteau, large sur le fût principal, étroit sur les colonnettes, tel qu'il existe à Reims, à Amiens et sur les premiers piliers de la nef de Notre-Dame de Paris. Un pilier semblable se voit à Saint-Maur-des-Fossés. Le second est remarquable aussi, mais principalement dans sa partie qui regarde le bas-côté, la partie regardant la nef ayant été retouchée au xve siècle. La nef n'a pas de fenêtres, si ce n'est un *oculus* percé dans le mur qui la ferme. Trois fenêtres éclairent le chœur et les deux extrémités des bas-côtés. Deux fenêtres jettent du jour dans le bas-côté droit, quatre fenêtres existent dans le bas-côté gauche; mais la première étant masquée par l'orgue, ce bas-côté n'est éclairé que par les trois autres. En somme, l'édifice a une lumière suffisante.

*
* *

L'ornementation de notre église est celle des xiiie et xve siècles. C'est elle surtout qui mérite d'être étudiée. Sur le pilier cantonné en croix, on voit de la grande fougère pointue assez spéciale à la région parisienne. Sur le second pilier qui a deux colonnettes dans le bas-côté droit, nous voyons du trèfle sur l'une et de la grande vigne pointue sur l'autre. Ce qui est à noter, c'est que ce genre de vigne se retrouve à Saint-Maur sur le pilier dont nous venons de parler. Dans cette même travée du bas-côté droit, située sous le clocher, sur les chapiteaux des colonnettes engagées dans le mur de clôture, nous voyons de la chélidoine, de la vigne et du trèfle. Les arcs ogives de cette travée ont été refaits au xve siècle, mais la clef de voûte paraît avoir été respectée. Elle est aussi de feuilles de vigne. Les hauts chapiteaux du premier pilier cantonné en croix donnent du beau trèfle et de la vigne. Les hauts chapiteaux du second pilier, celui qui a deux colonnettes sur le bas-côté, ont été refaits au xve siècle. Ils nous présentent du chou frisé, de la vigne et du chêne avec glands. Ces feuilles sont découpées, selon la manière des artistes de cette époque. Signalons dans la troisième travée du bas-côté droit, sur deux consoles recevant les arcs de la voûte, un ange tenant une banderole et un motif de vigne avec raisin. C'est du beau xve siècle. Toute cette sculpture de Charonne, malgré les mutilations qu'elle a subies et le badigeon qui la recouvre, n'a rien perdu de sa grandeur et de sa grâce. Les sculpteurs de Charonne étaient bien ceux de cette École française du xiiie siècle qui précéda les autres et ne fut pas dépassée. Dans notre petite église, le moindre motif est admirablement traité. La vigne y règne en souveraine; on sent qu'on est ici dans le pays du raisin. Le côté gauche de la nef, son bas-côté, ainsi que le chœur, n'ont rien de particulièrement remarquable au point de vue sculptural.

Saint-Germain possède des restes d'anciens vitraux qui se trouvent aux fenêtres placées aux extrémités des bas-côtés et dans la partie supérieure de la deuxième fenêtre du bas-côté droit. Une grande toile dans son ancien cadre doré est fixée au mur du sanctuaire, derrière l'autel. Cette peinture nous paraît être du siècle dernier. Elle représente saint Germain debout, dans ses habits pontificaux, consacrant à Dieu la petite Geneviève amenée par sa mère. La tête de l'évêque est fort belle, son geste est noble et majestueux. Les tons de cette peinture sont très doux et elle nous semble précieuse.

L'extérieur de l'édifice est fort simple. Le clocher se trouve sur le côté sud. Il est massif, peu élevé, mais pittoresque cependant, avec ses contreforts, ses deux baies en plein cintre et son toit pointu surmonté de la croix portant le coq. C'est un bon vieux clocher français qui fait plaisir à voir. D'ailleurs, on peut en dire autant de toute l'église. On y respire la France d'autrefois, on y retrouve sa jeunesse, et c'est pourquoi nous l'aimons.

SAINT-PIERRE DE MONTMARTRE

Le nom de Montmartre a donné lieu à de savantes dissertations. Frédégaire au VIIe siècle l'appelle *Mons Mercore*, altération de *Mercurii*. Plus tard, au IXe siècle, Abbon l'appelle *Mons Martis*, et au IXe siècle également, Hilduin, le célèbre abbé de Saint-Denis qui posa la thèse fameuse de l'identité de Saint-Denis de Paris avec le Denis converti par saint Paul, lequel aurait été le premier évêque d'Athènes (1), nous dit que la montagne que l'on nommait à l'origine *Mons Martis*, reçut le nom de *Mons Martyrum* en mémoire de saint Denis et de ses compagnons Rustique et Eleuthère qui eurent la tête tranchée sur cette colline. L'abbé Lebeuf, le savant chanoine d'Auxerre, accepte, lui aussi l'étymologie païenne comme étant la plus ancienne (2). On voulut aussi qu'il y ait eu sur le sommet de la montagne deux temples dédiés l'un à Mars, l'autre à Mercure. Lebeuf ne semble pas partager cette opinion. Il dit que l'existence de deux statues, l'une de Mars et l'autre de Mercure, suffisait pour faire donner à ce lieu le nom de ces fausses divinités. Dans tous les cas, si les premiers souvenirs que présente Montmartre sont des souvenirs païens, il est juste de reconnaître que c'est la gloire des trois martyrs chrétiens qui l'a rendu illustre. Ceci dit, parlons de l'église.

*
* *

Deux édifices sur lesquels nous n'avons que de très vagues renseignements, précédèrent l'église actuelle. En 1133, le roi Louis-le-Gros et la Reine Adélaïde, sa femme, ayant établi à Montmartre les religieuses de l'ordre de Saint-Benoît, on commença de suite la construction de cette église. Les travaux

---

(1) Cette doctrine a été victorieusement combattue par Launoy, le P. Sirmond, le P. de Longueval, et tout récemment encore par l'abbé Eugène Bernard dans son bel ouvrage : *Les Origines de l'Eglise de Paris.*

(2) Lebeuf, *Histoire de la Ville et de tout le diocèse de Paris*, t. III, p. 95-98.

furent conduits avec activité, car en 1147 on en fit la dédicace. Elle fut solennelle. Le pape Eugène III, qui était alors en France, célébra la fête de Pâques à l'abbaye de Saint-Denis et le lendemain il se rendit à Montmartre pour consacrer le nouvel édifice. Deux personnages, qui jouèrent à cette époque un rôle considérable, l'assistèrent dans cette cérémonie. L'un était saint Bernard, abbé de Clairvaux, et l'autre Pierre-le-Vénérable, abbé de Cluny. L'un fit l'office de diacre et l'autre celui de sous-diacre.

L'église fut en quelque sorte divisée en deux parties. La nef où était l'autel paroissial fut dédiée à la Vierge et à saint Denis et le chœur, réservé aux Religieuses, fut placé sous l'invocation de saint Pierre. C'est ce que dit Dom Mabillon, mais Lebeuf pense que le contraire eut lieu, c'est-à-dire que l'on plaça la nef sous l'invocation de saint Pierre, et le chœur sous celle de la Vierge et de saint Denis. L'opinion de Lebeuf semble acceptable, puisque l'église devenue paroissiale garda le nom de Saint-Pierre (1).

Saint-Pierre de Montmartre se compose d'une nef à quatre travées, d'un chœur d'une seule travée et d'une abside circulaire formée d'une travée droite et d'un rond-point à cinq travées. Depuis la Révolution l'abside n'est plus livrée au culte. Une charpente la sépare du reste de l'église.

La nef est large. Elle a deux bas-côtés qui s'arrêtent à la naissance de l'abside. Ces bas-côtés n'ont jamais été voûtés. Les piliers de la nef sont massifs, formés, chacun, de trois grosses colonnettes. Les grands arcs, ou arcs brisés, sont assez évasés. Au-dessus de ces arcs existe un petit triforium. La voûte actuelle est du XV⁰ siècle. Peut-être qu'avant, la nef aussi n'était pas voûtée. La travée du chœur présente à peu près les mêmes dispositions que la nef. Sa voûte date également du XV⁰ siècle. Ces voûtes sont plus élevées que celle de l'abside. Cependant elles paraissent un peu basses, étant donnée la largeur de la nef et du chœur. Au-dessus du triforium, la nef est éclairée par huit fenêtre. Le bas-côté droit en a quatre, le bas-côté gauche n'en a que deux. Les parties des deux bas-côtés correspondant au chœur sont éclairées, celle de droite par une fenêtre à deux

____

(1) Lebeuf, *loc. cit.*, p. 102-103.

verrières, celle de gauche par une fenêtre à trois verrières. Deux petites fenêtres existent aussi dans le mur du portail à l'endroit des bas-côtés. Disons que ce portail, qui n'est pas le portail primitif et dont le style n'a aucun rapport avec celui de l'édifice, n'a aucune valeur.

L'abside, bien qu'elle soit presque à l'état de ruine, a conservé sa voûte primitive, ses arcs ogives du xiie siècle. Des cinq fenêtres qui l'éclairaient autrefois, quatre ont été bouchées. Seule, celle du fond n'a pas été complètement fermée, et c'est elle qui donne le peu de jour qui existe dans cette partie du monument. Les piliers de la partie rectangulaire de l'abside sont formés de colonnes et de colonnettes. De simples colonnettes se voient dans le rond-point. Il n'y a pas d'arcades dans cette abside, vu qu'elle n'a pas de pourtour.

De la construction passons à l'ornementation.

Nous pouvons dire sans craindre d'être contredit, que c'est la sculpture de Saint-Pierre de Montmartre qui fait son originalité, sa valeur. L'acanthe, la feuille presque unique et maîtresse de l'ornementation romane, le nénuphar, une des feuilles primordiales de l'ornementation gothique, se partagent les chapiteaux de l'édifice.

Dans le mur du portail, à l'intérieur, sont deux piliers formés chacun de trois colonnes. La colonne principale de chaque groupe est en marbre noir et blanc d'Aquitaine, avec chapiteau d'acanthe en marbre blanc. On avait longtemps pensé que ces deux colonnes étaient des colonnes antiques, débris d'un temple païen contruit sur la montagne soit en l'honneur de Mars, soit en l'honneur de Mercure. Aujourd'hui cette opinion est fortement combattue. Albert Lenoir dit que les chapiteaux de marbre blanc sont, malgré leur forme antique, d'origine chrétienne, que la croix primitive gravée sur le volute de l'un d'eux ne laisse aucun doute à cet égard; que ces chapiteaux démontrent qu'un édifice chrétien, probablement d'origine mérovingienne, avait été élevé au sommet de Montmartre, et que la tradition qui en faisait le lieu du martyre de Saint-Denis dut être pour beaucoup dans la construction de ce monument (1).

---

(1) Albert Lenoir. Statistique monumentale de Paris, Notice sur Saint-Pierre de Montmartre.

Si, comme le pense cet auteur, les chapiteaux proviennent de l'une des deux églises primitives bâties sur la montagne, il

CHAPITEAU DE LA NEF DE SAINT-PIERRE DE MONTMARTRE

fallait que cette église fut somptueuse, puisqu'elle avait de si belles colonnes et de si beaux chapiteaux.

Dans la nef, les chapiteaux des colonnettes distinctes de

celles des gros piliers, et qui reçoivent les retombées des arcs
encadrant la partie supérieure des travées, nous présentent du
nénuphar tel qu'on l'interprétait au xiie siècle. Il est élégamment traité. Sur les faces des massifs regardant les bas-côtés,
sont des faisceaux de colonnettes. Or, tous les chapiteaux de
ces colonnettes qui ont échappé à la destruction, donnent aussi
du nénuphar, auquel se mêle un peu d'acanthe. Plusieurs sont
remarquables, tant au point de vue de la composition qu'au
point de vue de l'exécution. Dans le bas-côté droit, sur les deux
premiers piliers engagés dans le mur de clôture, on voit deux
gros chapiteaux d'acanthe, un peu mutilés, mais qui ressemblent
beaucoup aux chapiteaux de marbre dont nous venons de
parler. La partie de ce bas-côté correspondant au chœur, n'a
guère que des chapiteaux refaits de nos jours, et sans valeur
archéologique. La partie du bas-côté gauche correspondant
également au chœur, a gardé son ornementation primitive. Là,
on voit encore un chapiteau d'acanthe très original, la feuille
se découpant aux angles pour former des têtes d'animaux, et
un autre chapiteau donnant des touffes de nénuphar. Finissons
par l'abside, dont la sculpture ne le cède en rien à celle de la
nef.

En pénétrant dans la travée rectangulaire de cette abside,
on a, à droite et à gauche, deux groupes de trois colonnes séparant cette travée du rond-point. Les deux colonnes médianes de
ces groupes sont surmontées de chapiteaux de marbre blanc.
Les fûts d'assez forte dimension sont en granit. Albert Lenoir
pense que ces fûts proviennent d'édifices romains (1). Le chapiteau de droite est d'acanthe. Celui de gauche, selon Lenoir, serait
également d'acanthe. Nous serait-il permis de ne pas partager
cette opinion? A notre avis, la feuille de ce chapiteau serait
plutôt de l'olivier ou du laurier. Cela nous a frappé à première
vue. L'abside étant encombrée d'anciens objets ayant appartenu au culte, il ne nous a pas été possible de voir la base de
la colonne portant ce chapiteau; mais nous avons pu voir celle
de la colonne droite. Or, sur cette dernière base on trouve une
griffe. Une griffe existe également sur la base de la colonne
principale du gros pilier droit de l'entrée de la nef. On

____

(1) Albert Lenoir, *loc, cit.*

est donc autorisé à penser que si les chapiteaux de marbre sont mérovingiens, les bases de leurs colonnes sont du XIIe siècle. De plus, quand on compare ces chapiteaux de marbre avec les deux chapiteaux mutilés du bas-côté droit, on se demande si tous ne seraient pas de cette époque? Mais l'examen de cette question nous entraînerait trop loin. Les petits chapiteaux des colonnettes du rond-point, recevant les retombées des arcs ogives, et ceux des colonnettes des fenêtres, sont formés d'acanthe joliment dessinée, très finement fouillée. Le chapiteau d'une colonnette de gauche présente du nénuphar traité avec la même perfection. A l'extérieur de l'abside, les chapiteaux des colonnettes des fenêtres sont également de nénuphar.

*
* *

Telle est cette petite église Saint-Pierre de Montmartre, qui, depuis sept cents ans a résisté aux vents et aux tempêtes battant le sommet de la montagne. A côté d'elle se dresse aujourd'hui la nouvelle basilique du Sacré-Cœur. Avec sa hauteur de voûte, ses pleins-cintres surélevés et son admirable appareil, l'intérieur de cet édifice est imposant. Cependant, ses murs sont jeunes, ils ne parlent pas encore. Toute autre est notre humble Église. En y pénétrant, on croit entendre la voix du passé, de ce passé fait de lumière et d'ombre, cela est vrai, mais qui donna à notre pays sa grandeur et son unité nationale.

Il y a quelques jours seulement, ce vénérable monument allait tomber sous la pioche des démolisseurs, lorsqu'une clameur de protestation s'éleva de tous les points du monde archéologique. Les hommes politiques s'en émurent, et pour un instant, les partis, oubliant ce qui les divise, s'unirent dans un même sentiment de patriotisme à l'effet de sauver Saint-Pierre de Montmartre. Grand exemple ! S'il en était de même pour tout, il y a longtemps déjà que la France serait redevenue la France!

SAINT-JULIEN-LE-PAUVRE

SAINT-Julien-le-Pauvre est avec Saint-Germain-des-Prés, Saint-Pierre de Montmartre et Notre-Dame, une des plus vieilles églises de Paris. Elle date de la seconde moitié du XIIᵉ siècle. On la construisait en même temps que la cathédrale, et probablement elle fut terminée la première. C'était le moment où l'architecture gothique succédait à l'architecture romane, la *Transition* comme on dit aujourd'hui. Elle fut construite par les Religieux de Sainte-Marie de Longpont, près Montlhéry, et à côté d'elle était le monastère, un prieuré qui comptait jusqu'à cinquante moines. Les destinées de cette église furent brillantes au Moyen-Age. Sous ses voûtes se tenaient les assemblées générales de l'Université de Paris, et dans ces assemblées on élisait le Recteur. Saint Julien, martyr, fut son premier patron. Puis, à ce premier patron on en ajouta un deuxième, Saint Julien, évêque du Mans, surnommé le pauvre à cause de sa grande charité qui le portait à donner aux malheureux tout ce qu'il possédait. A ces deux protecteurs célestes un troisième vint se joindre. Il s'appelait aussi Julien. Il avait fondé un hôpital sur le bord d'un fleuve dont la traversée était périlleuse, et non seulement il soignait les malades avec sa femme dévouée comme lui envers ceux qui souffraient, mais encore il passait dans sa barque les voyageurs qui voulaient aller d'une rive à l'autre. Sa femme l'aidait également dans son métier de nautonier. La légende raconte qu'un jour un lépreux se présenta à Julien, demandant à passer l'eau. Sans hésiter les deux époux saisirent leurs rames, Mais au milieu du fleuve le lépreux disparaissait, et le Christ qui, un instant, avait pris cette apparence, se tenait debout dans la barque promettant à ses deux bateliers le royaume des cieux comme récompense de leur abnégation. De ces trois personnages, c'est le deuxième

qui a survécu dans la tradition : l'évêque a été plus heureux
que le martyr et le passeur d'eau (1).

Avec le Moyen-Age, Saint-Julien-le-Pauvre vit finir sa splen-

CHAPITEAU DE SAINT-JULIEN-LE-PAUVRE

deur. En 1651, comme le portail menaçait ruine, on n'imagina
rien de mieux que de supprimer les deux premières travées de

---

(1) Voir pour les origines assez obscures de cette église : Lebeuf *Histoire
de la Ville et de tout le Diocèse de Paris*. Tom. 1, p. 151—156. et de
Guilhermy, *Itinéraire archéologique de Paris*, à la notice de cette église.

la nef. Alors on démolit ce portail qui tomba avec ses colonnettes, ses chapiteaux, ses statues ; la pioche entama les gros
murs, la voûte, les piliers, et lorsque l'œuvre de destruction fut
achevée, on plaqua sur l'édifice un mauvais portail grec qui se
voit encore aujourd'hui, bien dégradé après deux siècles d'existence. La tour de l'église eut le même sort que le portail ; on la
jeta par terre, et il n'en reste que la base. La Révolution passa
sur Saint-Julien-le-Pauvre sans trop ajouter à ce qui avait été
fait cent ans auparavant. En 1826, l'Hôtel-Dieu n'ayant plus de
chapelle, il fut décidé que cette église servirait pour le service
religieux des malades et des employés. Et alors Saint-Julien-le-
Pauvre porta bien son nom, car après avoir vu les pompes du
Moyen-Age, il reçut tous les jours sous ses voûtes froides et
humides, entre ses murs nus et verdis par l'eau, les corps des
déshérités de la vie qui étaient venus mourir sur un lit
d'hôpital !

Passons maintenant à la description de notre église. Saint-
Julien-le-Pauvre peut avoir dans la partie restée intacte quinze
mètres de hauteur. Sa longueur est de vingt et un mètres ; sa
largeur de seize mètres. Elle se compose actuellement d'une nef
à quatre travées, avec bas-côtés. Les six piliers de la nef sont
monocylindriques. Leurs chapiteaux refaits au xviie siècle sont
toscans, sauf les deux du milieu. Ces derniers, tout à fait mo-
dernes, sont gothiques, mais sans valeur. Les grands arcs sont
en plein cintre légèrement surélevé. La voûte, refaite aussi au
xviie siècle, est en berceau. Quatre petites fenêtres, percées à
la naissance de cette voûte, donnent du jour dans la nef. Six
fenêtres éclairent les bas-côtés jusqu'au chœur exclusivement.
Par suite des profondes retouches qu'elle a subies, cette nef a
perdu presque tout son intérêt archéologique. Mais il n'en est
pas de même du reste de l'édifice qui a conservé son caractère
ancien, son ordonnance primitive. Le chœur nous présente une
belle travée double à quatre arcades dont les archivoltes sont
en arcs brisés. Un pilier monocylindrique sépare de chaque
côté les deux arcades, et reçoit sur son chapiteau les retombées
des arcs. Quatre fenêtres à doubles baies éclairent ce chœur. Sa
voûte est d'arêtes sur croisées d'ogives. L'abside est formée,
ainsi que nous l'avons dit, de trois travées. Elle est éclairée par

deux rangs de fenêtres simples, les trois fenêtres supérieures
plus hautes que les trois inférieures. Comme cette abside n'a
pas de pourtour, elle n'a pas, non plus, d'arcades. Mais des
faisceaux de trois colonnettes partent du sol et montent jusqu'à
la voûte, qui est aussi d'arêtes sur croisées d'ogives, pour recevoir sur leurs chapiteaux les retombées de ses arcs. Les deux
absidioles reproduisent en petit l'abside principale. Celle de
droite est plus profonde que celle de gauche. La première a
trois fenêtres, la seconde en a deux. L'aspect de ce sanctuaire
est simple et sévère. On ne saurait trop admirer la pureté et la
simplicité de ses lignes. C'est le gothique à sa naissance, se dégageant du roman.

L'ornementation de l'édifice est celle de la première période
gothique. La belle flore du xII^e siècle apparaît sur ses chapiteaux. Nous y trouvons l'arum, le nénuphar, la fougère et la
vigne. Le plantain seul, qui se voit souvent avec le nénuphar,
fait défaut. Dans la nef, enclavés dans le mur de clôture du
portail, on aperçoit les restes de deux grands chapiteaux de
vigne qui devaient appartenir aux piliers supprimés. Les chapiteaux des colonnettes engagées dans les murs des bas-côtés
présentent de l'arum, du nénuphar et de la fougère. Plus heureux que ceux de la nef, ils ont échappé à la destruction,

Les deux gros chapiteaux des piliers du chœur sont des chefs-
d'œuvre. Celui de droite est formé d'acanthe, Aux angles sont
quatre figures à têtes de femme, corps emplumés, ailes dé-
ployées, pattes armées de griffes. Ce sont des harpies. Celui de
gauche est également formé d'acanthe, sans figures, il est vrai,
mais d'une largeur de composition vraiment remarquable.
Toutefois la feuille qui domine à Saint-Julien-le-Pauvre
est celle du nénuphar. Elle est magistralement traitée et ses
motifs rappellent ceux de Notre-Dame. Ce sont les mêmes artistes qui ont dû faire la sculpture de la grande cathédrale et
de la petite église. Il y a dans la sculpture de Saint-Julien-le-
Pauvre une science de composition et une perfection d'exécution
qui ne permet pas d'en douter. Sur les hauts chapiteaux des
colonnettes des piliers séparant la nef du chœur, le chœur de
l'abside, et sur les chapiteaux des colonnettes de cette abside
elle-même, le nénuphar se voit, mêlé à l'arum et à la fougère.

Dans cette fougère on retrouve encore le coup de ciseau des artistes de Notre-Dame. Enfin sur les chapiteaux des absidioles il n'y a que du nénuphar. On compte *cent cinquante chapiteaux* à Saint-Julien-le-Pauvre. Cette richesse d'ornementation nous montre avec quel soin fut construit l'édifice.

Dans les bas-côtés on voit la statue de Saint Augustin, celle de Saint Landry, 28e évêque de Paris, qui fonda l'Hôtel-Dieu près de sa cathédrale, et celle du baron de Monthyon, dont la charité assura des encouragements aux actions vertueuses. La statue de Saint Landry et celle du baron de Monthyon, œuvre en marbre de Bosio, décoraient le péristyle de l'ancien Hôtel-Dieu.

En ce moment un avenir meilleur semble se préparer pour Saint-Julien-le-Pauvre. Les catholiques d'Orient qui suivent le rite grec ont été autorisés à y exercer le culte. Aujourd'hui sous les voûtes de cette vieille église d'Occident, on entend, les jours de fête, les mélodies syriennes, et lorsque l'archimandrite, Mgr Hamsy, représentant du Patriarche d'Antioche, y célèbre la messe, revêtu de ses ornements orientaux, on se croirait volontiers au temps de Saint Jean Chrysostôme. On respire dans le sanctuaire gothique comme un parfum des premiers siècles. Aussi nous ne saurions trop engager nos lecteurs à visiter cet édifice si intéressant à tous points de vue, et qui, dans son humilité profonde, est en France le trait d'union entre l'Église grecque et l'Église latine.

L'ÉGLISE

DE

L'ANCIEN PRIEURÉ DE SAINT-MARTIN-DES-CHAMPS

Au moment où tous ceux qui s'intéressent à notre art chrétien et national interviennent pour que l'église de l'ancien prieuré de Saint-Martin-des-Champs, récemment dégagée des masures qui l'entouraient, ne soit pas de nouveau masquée par de hautes constructions, nous devons faire connaître à nos lecteurs ce monument qui présente pour l'histoire de l'art le plus haut intérêt.

En effet, lorsqu'on étudie les origines de l'architecture gothique, l'abside de Saint-Martin-des-Champs ne peut être séparée de Saint-Étienne de Beauvais, de Notre-Dame de Poissy, de l'église de Morienval et de Saint-Maclou de Pontoise, où l'on retrouve les premières traces de cette architecture dont l'église abbatiale de Saint-Denis a été le point d'arrivée. Ces édifices sont de la période dite *la Transition*, parce qu'elle fut celle du passage de l'art roman à l'art gothique, et dans son très remarquable travail qui porte ce titre, *La Transition*, et qui a paru dans la *Revue de l'Art chrétien*, M. Anthyme Saint-Paul incline à croire que l'abside de Saint-Martin-des-Champs, qu'il considère comme une importation picarde, a pu être le prototype qui a inspiré Suger, lorsque l'illustre abbé de Saint-Denis eut le dessein, qu'il réalisa si heureusement, de reconstruire l'église de son monastère. Les textes nous disent que le prieuré de Saint-Martin-des-Champs fut fondé en 1060 par le roi de France Henri Ier, et que l'église de ce monastère fut dédiée en 1067, sous son fils Philippe Ier. Mais, au xiᵉ siècle, l'art roman était arrivé à sa pleine formation, et l'église dédiée en 1067 ne doit

pas être celle dont il nous reste l'abside, laquelle est incontestablement de la période transitionnelle. Quicherat la reconnaît
comme postérieure à 1116. MM. Anthyme Saint-Paul et Lefè-
vre-Pontalis la datent de 1130 ou 1140. Il est donc hors de doute
qu'après cinquante ou soixante ans d'existence, l'église de 1067,
devenue probablement trop petite pour les moines et pour les
fidèles, aura été démolie au xiie siècle pour faire place à un autre édifice, dont il nous reste cette très précieuse abside. Il y a
cependant tout lieu de penser qu'à cette époque, l'abside seule
a été reconstruite et que l'ancienne nef a subsisté jusqu'au xive
siècle, où elle a dû être démolie à son tour pour être remplacée
par la nef actuelle. Notre église se compose donc d'une nef du
xive siècle et d'un chœur ou abside du xiie. Elle fait aujourd'hui
partie du Conservatoire des Arts-et-Métiers, et sous ses voûtes
sont exposés les modèles des plus belles machines que le génie
moderne a inventées. Entrons-y, et décrivons-la à grands traits.

*
* *

La nef, qui est longue, haute et large, n'a pas de bas-côtés.
Elle n'a pas non plus de piliers engagés dans ses murs de clôture, n'ayant jamais été voûtée en pierre. Sa voûte est en bois,
affectant la forme d'un arc brisé fort large, ce qu'on appelle le
dos d'âne. Elle est éclairée sur les côtés par seize fenêtres à
deux verrières surmontées d'une rosace. Sur la façade est percée une grande fenêtre à quatre verrières surmontées de six
quatrefeuilles. Au-dessus de cette fenêtre existe une jolie rose.
Deux fenêtres simples accompagnent à droite et à gauche la
fenêtre principale. Sauf ses proportions, cette nef ne présente
rien de particulièrement remarquable.

L'abside, qui est de beaucoup la partie la plus intéressante
de l'édifice, est plus basse que la nef. Elle peut avoir 16 mètres
de hauteur sur 10 mètres de largeur. Elle se compose de sept
travées. Les piliers sont formés de cinq colonnettes en faisceau.
Les grosses colonnettes n'ont pas de chapiteaux à la hauteur
des arcs brisés. Elles partent du sol et montent jusqu'à la voûte
où elles reçoivent sur leurs hauts chapiteaux les retombées des
arcs ogives. Les deux colonnettes qui les accompagnent immé-
diatement ont des chapiteaux à la hauteur des arcs brisés, et

sur ces chapiteaux portent d'autres colonnettes qui reçoivent les retombées des arcs-formerets des fenêtres. Enfin, les deux dernières colonnettes des piliers reçoivent sur leurs chapiteaux les retombées des arcs brisés qui, avec ces piliers, forment les arcades. Ces grands arcs sont d'un beau dessin, mais leurs tores sont très gros. On comprend, en les voyant, qu'on est là en présence d'un art qui commence. Les arcs des deux premières travées dépassent en hauteur ceux des quatre travées suivantes, et l'arc de la septième travée, celui du fond du sanctuaire, dépasse lui-même en hauteur et en largeur ceux des deux premières travées. Cette disposition est assez bizarre. Sept fenêtres éclairent l'abside au-dessus de ces grands arcs. La fenêtre du milieu est en plein cintre, les autres sont en arc brisé, ce qui est encore assez singulier. La voûte est évasée, sans lourdeur cependant. En somme, cette abside, malgré ses irrégularités, ne manque pas de majesté. Aux deux piles qui la séparent de la nef et qui lui appartiennent, on voit de chaque côté de la colonnette principale des colonnettes en zigzag. Un tore en zigzag existe également à l'arc brisé du milieu. Ces zigzags sont fréquents dans les édifices purement romans.

Le pourtour est de cinq marches en contrebas de l'abside. Ses voûtes sont des voûtes d'arêtes séparées par des arcs-doubleaux brisés. Il a sept chapelles rayonnantes. Celle du milieu, qui forme le chevet de l'église, se dessine en quatrefeuille. Elle est vaste et profonde. Neuf fenêtres lui donnent du jour. Les six autres ont très peu de profondeur. Elles sont éclairées chacune par deux fenêtres qui se regardent. Devant ces chapelles, aux points qui les séparent, sont de beaux piliers formés de colonnettes en faisceau. Ces piliers sont libres et laissent un étroit passage entre eux et les chapelles. Ils reçoivent sur leurs chapiteaux les retombées des doubleaux du pourtour, des arêtes et des arcs brisés formant l'entrée des chapelles. Les voûtes des petites chapelles sont des voûtes d'arêtes qui se raccordent assez mal avec les piliers. La chapelle principale a des arcs ogives à sa voûte. Toutes les fenêtres des chapelles sont en plein cintre. Il y a là, de la part du constructeur, des mélanges, des tâtonnements, des hésitations, qui n'ont pas échappé aux archéologues, et qui prouvent que cet édifice est un des premiers dans lequel le style gothique a lutté contre le style roman. Actuellement, la partie du pourtour qui se trouve à droite de la chapelle du chevet est fermée par des planches. Elle n'a pas été réparée, comme le reste du monument, il y a cinquante ans. Lorsqu'on y pénètre, on s'aperçoit qu'elle ne présente pas la régularité de l'autre partie à l'endroit où elle touche la nef. Cela tient à ce que le constructeur est venu se buter contre une tour appartenant à l'édifice primitif, tour que l'on a voulu conserver et dont il nous faut dire quelques mots.

Elle est située sur le côté droit de l'abside. Son étage supérieur, que surmontait une petite flèche, a disparu. Son appareil est grossier, ses joints sont larges, faits en mortier de sable et de chaux. Ses baies ont cependant des colonnettes avec chapiteaux, mais la sculpture de ces chapiteaux est tout à fait rudimentaire. Il est évident que cette tour appartenait à la construction 1060-1067. Elle a été conservée avec la nef très probablement. Toutefois, au xive siècle, si on a démoli la nef, on a encore respecté la tour. Nous devons la respecter aussi, car elle est très intéressante à étudier. Ces vieux débris du xie siècle sont rares à Paris et dans les environs. Ceci dit pour la construction, passons à l'ornementation.

*
* *

La nef est peu ornée, vu l'absence de piliers et, par conséquent, de chapiteaux. Ceux des colonnettes des fenêtres présentent de petits feuillages ondulés et plissés selon la manière des artistes du xive siècle.

Dans l'abside, au contraire, l'ornementation est riche et variée, ornementation romane dans laquelle la flore gothique commence à poindre. Sur le chapiteau de la grosse colonnette de la pile droite on voit un feuillage touffu, d'un travail fort délicat. Ce feuillage nous paraît être un arrangement d'olivier, sans que nous puissions cependant l'affirmer. Le chapiteau de la grosse colonnette de la pile gauche donne de l'acanthe d'un travail également très beau. Sans nous arrêter davantage aux piles, voyons les arcades.

La première arcade à droite présente du nénuphar large et lourd, tel qu'il apparaît à la fin de l'époque romane. En face, nous trouvons un motif extrêmement curieux qui semble indiquer la transformation de la feuille d'acanthe en feuille de vigne. Les lobes de cette feuille sont pointus et nervés en creux comme l'acanthe romane, mais sa forme est celle de la vigne de

CHAPITEAU DE SAINT-MARTIN-DES-CHAMPS

la première période gothique ; et, dans l'esprit de l'artiste, c'était bien de la vigne, puisqu'avec cette feuille il a mis la grappe de raisin. Les artistes de la *Transition* semblent donc avoir créé cet ornement de vigne, que leurs successeurs ont porté à sa perfection. Les chapiteaux de la deuxième arcade présentent un motif dans lequel la feuille de vigne, au-dessus de laquelle sont des têtes d'homme, est serrée par des bagues, et, en face, des serpents à tête d'homme et des entrelacs. Les chapiteaux de la troisième arcade nous montrent des têtes d'homme avec des entrelacs feuillagés, et, en face, un gracieux arrangement de nénuphar découpé, bien supérieur comme composition à celui de la première arcade.

Les chapiteaux de la première arcade à gauche donnent du nénuphar semblable à celui de la première arcade à droite, c'sst-à-dire large et lourd, et, en face, une feuille difficile à déterminer, dont les tiges forment de larges rubans, mais qui nous paraît ressembler en plus grand à la feuille de la pile droite que nous croyons être de l'olivier. Donnons-lui ce nom, sous toutes réserves, pour la clarté de la description. Les chapiteaux de la deuxième arcade offrent la même feuille, mais perlée, avec bagues également perlées, et, en face, des palmettes avec rubans, sans perles. Les chapiteaux de la troisième arcade présentent encore la même feuille, dite d'olivier, sans perles, et, en face, un motif d'acanthe se transformant en vigne et même en fougère parfaitement caractérisée.

Enfin, sur les chapiteaux de la grande arcade formant le fond du sanctuaire, on voit, d'un côté, de l'acanthe et, de l'autre, la feuille d'olivier avec un oiseau ayant une queue de serpent.

Cette ornementation, si originale, si variée comme forme, se reproduit dans les parties hautes de l'abside, dans le pourtour et dans les chapelles. On comprendra qu'il ne nous est pas possible de décrire ici tous les chapiteaux qui ont passé sous nos yeux. Toutefois, nous signalerons dans la partie gauche du pourtour du chœur, sur le deuxième pilier, le chapiteau de la colonnette principale, sur lequel on voit une petite feuille de vigne à sept lobes, une petite feuille de fougère et une petite feuille d'arum. Or, ces feuilles sont déjà celles du gothique naissant, et on aime à les voir poindre avec le nénuphar au milieu de l'acanthe romane. Nous signalerons aussi dans la partie droite du pourtour, celle qui est fermée, un très beau chapiteau, qui nous paraît donner une interprétation de vigne qui n'est pas celle trouvée sur les arcades, mais qui nous semble plus avancée déjà ; elle est très simple, mais pleine d'élégance.

Il est hors de doute qu'à Saint-Martin-des-Champs, la sculp-

ture est supérieure à l'architecture. Cela se conçoit facilement.
Les sculpteurs étaient des Romans très habiles dans leur art
qui donnaient des chefs-d'œuvre, et le constructeur était un Gothique qui essayait l'application de principes nouveaux, application forcément un peu timide et un peu gauche. Mais, précisément à cause de cela, l'abside de Saint-Martin des-Champs
est, comme nous l'avons dit en commençant, un monument précieux pour l'histoire de l'art national, et M. de Guilhermy a
dit : « Les ogives que nous voyons à Saint-Martin sont probablement les premières qu'on ait faites à Paris. »

Nous considérons comme un devoir de remercier publique-
ment ici M. le colonel Laussédat, membre de l'Institut, direc-
teur du Conservatoire des Arts-et-Métiers, et le haut personnel
placé sous ses ordres, pour la façon gracieuse dont nous avons
été accueilli chaque fois que nous nous sommes présenté dans
cet établissement à l'effet d'en étudier les parties archéologiques. Ces savants, spécialement appliqués aux arts mécaniques,
ont à un degré supérieur le sentiment de l'art pris dans ses mul-
tiples manifestations et témoignent pour le vénérable monument confié à leur garde le plus grand intérêt. Espérons que
l'État et la Ville de Paris ne voudront pas rester en dehors du
mouvement qui se produit à cette heure en faveur de Saint-
Martin-des-Champs, et qu'ils s'entendront pour mettre en pleine
lumière cet édifice que visitent fréquemment, — non seulement
les archéologues français, — mais encore ceux des pays étran-
gers si curieux de nos antiquités.

LA CATHÉDRALE DE REIMS

LA cathédrale de Reims fut commencée en 1212 sous l'é-
piscopat d'Albéric de Humbert, son 54e archevêque, qui
en posa la première pierre le 6 mai de cette année. Cet
édifice, une des merveilles de l'architecture gothique, se
compose d'une nef à dix travées avec collatéraux simples et
sans chapelles ; d'un transept à cinq travées dans sa longueur ;
et d'une abside formée d'un chœur à trois, et d'un rond-point à
cinq travées. Le pourtour de l'abside a neuf chapelles : quatre
correspondant au chœur et cinq correspondant au rond-point.
Notre-Dame de Reims nous présente l'édifice gothique du xiiie
siècle dans toute sa pureté, attendu que les chapelles des nefs
collatérales dans les édifices de ce style n'ont été ajoutées qu'au
xive siècle, comme à Paris et à Amiens. A Reims et à Chartres
les murs de clôture étaient tellement épais qu'on n'osa les défon-
cer pour construire ces chapelles, dans la crainte de compromet-
tre la solidité du monument. Notre-Dame de Reims a 136 mètres de longueur, 34 mètres de largeur et 37 mètres sous voûte.

Le seize piliers de la nef, qui reposent sur des bases admirables au point de vue architectural, sont cantonnés en croix,
c'est-à-dire que chaque pilier a une colonnette sur chacune de
ses quatre faces. Ce type de pilier que nous voyons également
à Amiens, est le plus beau que nous offre l'art monumental du
moyen-âge. Ces seize piliers sont couronnés par des chapiteaux
feuillagés sur lesquels nous reviendrons en parlant de la flore.
Sur leurs tailloirs posent les colonnettes en faisceaux qui montent jusqu'à la voûte pour recevoir les retombées de ses arcs
ogives. Les colonnettes son annelées à la hauteur du triforium
et des grandes fenêtres. Les grands arcs de la nef sont des arcs
brisés un peu aigus. Au-dessus de ces grands arcs se trouve le

triforium formé de six arcades par travée, c'est-à-dire, trois à droite et trois à gauche. Puis viennent les hautes fenê res formées, chacune, de deux verrières surmontées d'une rose, et, enfin, cette admirable voûte que l'œil va chercher à 37 mètres de hauteur. Le transept, dont les dimensions sont proportionnelles à celles de la nef, la sépare du chœur. Les quatre piles du milieu sont, comme dans tous les grands édifices. formées de colonnettes en faisceaux. Les quatre piliers de côté, correspondant aux piles, sont cantonnés en croix et semblables à ceux de la nef. Deux roses magnifiques éclairent ce transept et forment, avec la grande rose du portail qui éclaire la nef, cette trilogie de lumière qui se retrouve dans tous les édifices de premier ordre. Les quatre piliers du chœur et les quatre piliers des travées du pourtour qui leur correspondent sont cantonnés en croix, mais les six piliers du rond-point n'ont qu'une colonnette, placée sur leur face principale qui regarde le sanctuaire. Les grands arcs du rond-point sont comme ceux de la nef, un peu aigus, mais surélevés. L'arc surélevé est le plus majectueux que présente l'architecture gothique. Puis viennent le triforium composé de deux arcades par travée, et les hautes fenêtres à deux verrières avec rose, le tout se terminant par la voûte. On peut dès à présent se faire une idée de l'admirable perspective qui s'offre au regard du visiteur, lorsque, placé à l'entrée de la nef, au milieu de la première travée, entre les deux piles qui précèdent les deux rangs de piliers dont nous avons parlé, son œil plonge dans les profondeurs de cet immense vaisseau où il lui semble voir apparaître, encadrée dans la dernière ogive du sanctuaire, la grande figure du Christ !

Quant au portail de notre cathédrale, qui donc ne le connaît pas ? Qui donc n'en a pas vu la gravure ou la photographie ? Ses trois portes en arcs surélevés, surmontées de hauts frontons ; sa grande rose encerclée dans un gigantesque arc brisé, accompagnée à droite et à gauche de deux fenêtres à lancettes d'une prodigieuse élévation ; sa longue galerie des Rois au milieu de laquelle est naïvement représenté le baptême de Clovis, enfin ses deux tours hautes de 83 mètres, d'une élégance sans pareille, tout cela forme un ensemble incomparable que la voix des siècles n'a cessé de louer, et devant lequel, cependant, pâlit tout éloge. Et si l'on fait le tour de l'édifice, que dire de ce portail-sud qui n'a pas de portes, il est vrai, mais qui est si beau avec ses grandes fenêtres, ses arcades et sa rose ? Que dire, surtout, de ce portail-nord si majestueux avec ses portes sculptées, sa rangée de petites roses, et la grande rose qui le termine également ? Que dire de ce gracieux clocher à l'Ange posé sur le chevet de l'édifice ? Que dire, enfin, de ces contreforts et de ces arcs-boutants qui lancés dans les airs, soutiennent le colosse ! Il faudrait un volume pour décrire Notre-Dame de Reims, et nous n'avons pas trois cents lignes ! De la construction, passons à la décoration qui se subdivise en deux parties : la flore et la statuaire.

*
* *

La flore de Reims est, sans aucun doute, la plus variée et la plus abondante de nos cathédrales. Nous avons reconnu sur les chapiteaux, des piliers de la nef, du transept et de l'abside, l'arum, le nénuphar, la fougère, la vigne, le trèfle, la renoncule, la chélidoine, la grande berce, la benoîte, le figuier, le chêne, le lierre et le rosier; sans compter les autres plantes qui peuvent se trouver mêlées à ces feuillages et qu'une étude rapide ne nous a pas permis de déterminer surtout à la hauteur où elles sont placées. En effet, s'il fallait étudier un à un, et d'une façon complète tous les chapiteaux de cette cathédrale, non seulement ceux de ses gros piliers, mais encore ceux du triforium, des hautes colonnettes et des piliers engagés des bas-côtés et de l'abside, sans oublier les clefs de voûte, un mois de travail suffirait à peine, attendu qu'à cette étude il faudrait encore ajouter celle des parois intérieures du portail où se trouvent des feuillages alternant par rangées avec des personnages.

Les chapiteaux de Reims n'ont peut-être pas la simplicité et la grandeur de composition des chapiteaux de Notre-Dame de Paris, mais ils n'en sont pas moins des chefs-d'œuvre qui, nous ne craignons pas de le dire, laissent loin derrière eux les chapiteaux antiques sur lesquels on ne voit guère que l'éternelle feuille d'acanthe presque toujours rendue de la même façon. Il y a dans ces chapiteaux une fécondité d'imagination et une perfection d'exécution qui frappent au premier coup d'œil. Ce sont

de véritables merveilles que l'art ornemental n'a jamais dépas-
sées et qu'il ne dépassera jamais. Et qu'on ne croie pas qu'il y
ait exagération de notre part. Ce que nous disons est raisonné.
et quiconque passera seulement deux heures à examiner ces
chapiteaux partagera certainement notre sentiment. Il y a là
des floraisons de vigne, de chêne, de lierre, de trèfle d'une incomparable beauté.

La vigne domine à Reims, et cela n'est pas surprenant puis-

FRISE DE LA CATHÉDRALE DE REIMS.

qu'elle est la plante du pays. Aussi les sculpteurs en ont-ils jeté
à pleines mains sur la corbeille de leurs chapiteaux.

Maintenant, si, sortant de la cathédrale, nous regardons son
portail, nous nous trouvons en présence d'une flore aussi riche,
aussi variée que celle de l'intérieur. Les rinceaux des voussures
des trois portes et ceux des arcades pleines qui les accompagnent à droite et à gauche ; les frises qui courent au-dessus de la
tête des personnages qui se dressent dans les ébrasements, forment un ensemble de feuillages que l'on peut dire unique dans

l'art ornemental du Moyen-Age. Quant aux grandes frises qui
divisent horizontalement la façade, à la couronne qui entoure
la rose, au rinceau de son grand arc brisé, aux petits chapiteaux
des mille colonnettes des niches et aux crochets de leurs pina-

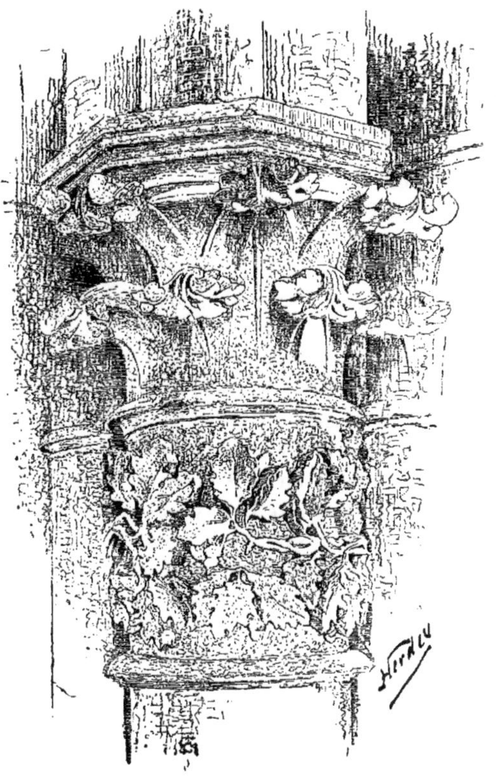

CHAPITEAU DE LA CATHÉDRALE DE REIMS

cles, l'œil s'y perd et se refuse à en faire l'analyse à des éléva-
tions aussi considérables.

La flore de Reims est celle du XIIIe et XIVe siècles. Le XIIIe siècle interprétait les feuilles, c'est-à-dire les arrangeait de façon
à leur donner une forme sculpturale. Les chapiteaux de l'abside,
du transept et de la plus grande partie de la nef sont de cette

école de l'interprétation qui n'a pas eu de rivale. Le xvie siècle,
lui, rendit les feuilles telles que la nature les donne. Ce fut
l'école de l'imitation. Les chapiteaux des piliers les plus rap-
prochés du portail et tous les rinceaux, ainsi que les frises des
trois portes, sont de cette école, moins noble que la première,
mais légère, gracieuse et luxuriante. Au xve siècle viendra l'é-
cole de la transformation. Elle conservera la vigne et le chêne
en les découpant largement, mais aux feuilles des périodes pré-
cédentes elle substituera le houx, le chardon, le chou frisé.
Toutefois au xve siècle Notre-Dame de Reims était terminée.
Voyons maintenant la statuaire.

La statuaire de Reims est aussi celle des xiiie et xive siècles.
Au xiiie siècle florissait l'école de l'idéalisme, qui avait succédé
à l'école de l'hiératisme roman, laquelle n'avait reproduit que
des types consacrés et presque invariables. L'école idéaliste
rompit avec la tradition, chercha le beau, le trouva, et rendit le
sentiment chrétien porté à son plus haut degré de vérité dans
les bas-reliefs de Paris et dans les grandes statues de Chartres
et d'Amiens. Au xive siècle, l'école du naturalisme succéda à
celle de l'idéalisme. Cette école se rapprocha de la nature, et
chez elle la beauté de la forme l'emporta souvent sur celle de
la pensée. Or, la statuaire de Reims, qui est de la fin du xiii^e
et du commencement du xive siècle, tient de ces deux écoles,
surtout de la seconde. On admire chez elle la grâce des contours et la perfection du modelé. C'est à Reims que l'on trouve
le plus de statues pouvant être mises en parallèle avec celles
de l'art antique. Reims possédait au Moyen-Age de nombreux
débris de l'Antiquité. Ses artistes ont dû s'en inspirer. Les
figures de Reims n'ont pas la sévérité des figures de Chartres et
d'Amiens. Elles sont gaies, souriantes : on dirait volontiers que
ces saints de pierre ont bu quelques gouttes de champagne. Il
ne nous est pas possible de décrire le monde de pierre qui peuple la cathédrale de Reims depuis sa base jusqu'à son sommet,
attendu qu'il y a là plus de deux mille statues! Nous allons cependant indiquer les plus belles, celles qui peuvent soutenir la
comparaison avec ce que l'art grec nous a laissé de plus achevé.

La porte centrale du grand portail est consacrée à la Vierge,
dont la statue colossale est adossée au trumeau. Dans l'ébrase-

ment droit se trouve le groupe de la Visitation, justement considéré comme un chef-d'œuvre. La figure de Marie et celle de sa cousine Élisabeth sont d'un modelé parfait, et les voiles qui les enveloppent sont traités avec une science qui fait l'admiration de tous les connaisseurs. La porte droite ne présente aucune statue remarquable au point de vue de l'art. Mais il n'en est pas de même de la porte gauche. Là, dans l'ébrasement gauche, on voit saint Nicaise entre deux Anges. Ces Anges sont deux merveilles, principalement celui qui se tient à la gauche du saint. La statuaire d'Athènes n'a rien donné de plus beau. Dans l'ébrasement droit, la quatrième figure, à partir de la porte, est un saint Maur qui, lui aussi, est considéré comme un chef-d'œuvre. Dans la partie moyenne de la façade, posées de chaque côté des grandes fenêtres, à la hauteur de la rose, on remarque quatre statues de valeur, qui sont celles du Christ pèlerin, de la Vierge, de saint Jean et de saint Pierre.

Le portail nord a aussi sa merveille : c'est le Christ bénissant adossé au trumeau de l'arcade murée. Le visage est noble et souriant. Il est encadré par une chevelure épaisse et ondulée qui tombe sur les épaules. Jésus bénit de la main droite et tient dans la main gauche le globe du monde. Il foule aux pieds le basilic, suivant cette parole du psaume : *Super aspidem et basiliscum ambulabis, et conculcabis leonem et draconem.* Les plis de son manteau sont gracieusement ramenés sur l'avant-bras gauche. Ce Christ était très populaire au Moyen-Age; on l'appelait le *Beau Dieu de Reims.* Autour de lui sont six Apôtres : trois dans l'ébrasement droit, Paul, Jacques le Majeur et Jean, et trois dans l'ébrasement gauche, Barthélemy, Pierre et André. Ces têtes sont vivantes, pleines d'expression et s'harmonisent bien avec la figure du Christ. Il est fort regrettable que les six autres Apôtres n'aient pas été faits. On eût aimé à les voir réunis à Reims comme ils le sont à Paris, à Amiens et à Chartres. Quand nous disons à Paris, nous parlons du bas-relief de l'ensevelissement de la Vierge, de la porte gauche de Notre-Dame, attendu que les grandes statues des trois portes ont été refaites de nos jours.

Quant à nous, le Christ du portail nord de Reims est, de toutes les statues de cette cathédrale, celle que nous préférons. Il y a dans cette figure quelque chose de majestueux et de doux qui touche et qui émeut. A l'arcade ouverte du même portail, adossée au trumeau, est la statue de saint Sixte, revêtu de ses habits pontificaux. Saint Sixte fut le premier évêque de Reims, et, comme le Christ, qu'il représenta le premier dans la cité rémoise, il bénit de la main droite et tient dans la main gauche le livre des Évangiles. Cette statue a aussi beaucoup de majesté.

Dans les ébrasements, on voit : à droite, Clovis, saint Rémi, un Ange, et, à gauche, sainte Eutrope, saint Nicaise et un second Ange; saint Nicaise, qui fut décapité, porte, comme notre saint Denis de Paris, sa tête entre ses mains. Cette statuaire du portail nord de Reims est plus sévère d'expression que celle de la grande façade. Cela, d'ailleurs, n'a rien d'étonnant, attendu qu'elle doit lui être antérieure et dater de la seconde moitié du XIIIe siècle.

Telle est, rapidement esquissée au triple point de vue de la construction, de la flore et de la statuaire, la cathédrale de Reims, une des œuvres les plus grandes qui soient jamais sorties de la main des hommes. Elle est la seule qui puisse disputer la palme à Notre-Dame d'Amiens, laquelle règne en souveraine sur l'art chrétien du Moyen-Age, et qu'aucun édifice n'a pu égaler, même Cologne, qui n'en est, en quelque sorte, qu'une admirable copie.

Et maintenant, quel est l'homme de génie qui a conçu le plan de Notre-Dame de Reims? Pendant longtemps on a pensé que le premier *Maître de l'œuvre*, ainsi que l'on disait au Moyen-Age, était Robert de Coucy. Puis on a mis en avant Hugues Libergiers et même Villard de Honnecourt. Mais aujourd'hui il est reconnu qu'aucun de ces trois architectes n'a été l'auteur du plan de cet édifice, bien que Robert de Coucy y eût travaillé plus tard, et que c'est à un autre qu'il faut reporter cet honneur. Voici comment on y est arrivé. Dans le dallage des cathédrales, sous le transept, on posait une pierre sur laquelle était un dessin appelé *labyrinthe*, à cause des méandres qui y étaient figurés. Dans ce dessin se trouvaient également gravés les noms des constructeurs de l'édifice. Or, il y a quelques années, M. Demaison, archiviste de Reims, eut la pensée de rechercher, dans des pièces oubliées, le dessin du labyrinthe de la cathédrale. Ses recherches furent couronnées de succès. Il retrouva le précieux dessin, sur lequel on lut les noms de Jean d'Orbais, de Jean Loups, de Gaucher de Reims et de Bernard de Soissons. Il est donc certain que ce fut Jean d'Orbais qui conçut le plan de la cathédrale de Reims. Il en construisit le chœur et le transept avec Jean Loups et Gaucher de Reims. Bernard de Soissons éleva la nef. Ainsi que nous l'avons dit, l'édifice fut commencé en 1212. En 1241, le chœur, le transept et la nef étaient terminés. A la fin du XIIIe siècle, on fit la façade, qui fut achevée au XIVe.

A l'heure où nous sommes, une œuvre de justice et de réparation s'impose. Espérons que bientôt la ville de Reims, justement fière de sa cathédrale, élèvera un monument à Jean d'Orbais, à Jean Loups, à Gaucher de Reims et à Bernard de Soissons, qui l'ont dotée de l'un des plus beaux édifices qui soient sous le soleil.

L'ÉGLISE D'AUVERS-SUR-OISE

Parmi les églises qui s'élèvent dans la belle vallée de l'Oise, la terre natale du gothique, celle d'Auvers est certainement l'une des plus pittoresques. Construite à mi-côte, ayant à ses pieds le village et la rivière, son vieux toit de tuiles brunes et son clocher en bâtière produisent de loin le plus charmant effet. La partie de la colline qui la supporte est ceinte d'un mur ancien, soutenu par d'épais contreforts. Un escalier, dont la hauteur correspond à celle du mur, conduit à l'édifice. Le temps a brisé ses marches, mais dans chaque brisure, dans chaque rugosité des pierres, il a mis une touffe de pariétaire ou d'ortie, embellissant ces ruines avec un art qui n'appartient qu'à lui.

Notre-Dame d'Auvers offre à l'archéologue une très intéressante étude, étant donnée la diversité de dates qui apparaît dans sa construction. Le chœur et le transept sont du xiie siècle, et l'on peut les faire remonter à 1160. L'absidiole qui se trouve à gauche du chœur est du roman de 1130 environ. La chapelle située à droite de ce même chœur a été construite au xvie siècle, ou peut-être reconstruite à cette époque, ses arcs ogives permettant, à la rigueur, de penser qu'une chapelle du xiiie siècle a pu la précéder. Enfin, la nef est certainement de 1210 à 1220, commencement du xiiie siècle.

Cette nef a quatre travées. Outre les deux piliers engagés dans le mur du portail, elle présente six piliers isolés, trois à droite et trois à gauche. Les trois piliers de droite sont monocylindriques avec chapiteaux carrés. Le premier pilier, à gauche, est monocylindrique également, mais il a un chapiteau qui, à première vue, peut paraître cubique, lorsque, vraisemblablement, il n'est qu'épannelé ; le deuxième pilier est monocylindrique avec chapiteau carré, c'est-à-dire semblable à ceux de droite ; le troisième, refait au xvie siècle, est ondulé et se termine par de simples moulures. Les grands arcs qui portent sur ces piliers sont évasés. à deux rangs de claveaux moulurés. Trois colonnettes ont leur base sur les chapiteaux des piliers, et montent vers la voûte pour recevoir sur leurs hauts chapiteaux les retombées de ses arcs. Ces colonnettes sont annelées à la hauteur du triforium. Le triforium se compose de cinq

TRIFORIUM DE NOTRE-DAME D'AUVERS

petites arcades en arc brisé par travée. Huit fenêtres existent au-dessus du triforium. Les voûtes des deux premières travées sont du XIIIᵉ siècle : celles des deux dernières ont été refaites au XVᵉ ou au XVIᵉ siècle. Dans son ensemble, cette voûte est belle et dépasse de trois mètres environ celles du transept et du chœur qui sont plus basses. Le bas-côté droit n'a rien de particulier, mais le bas-côté gauche offre cette singularité que la partie de ses deux dernières travées qui forme le mur de clôture est de la même époque que le transept, au-delà duquel se trouve. précisément de ce côté de l'édifice, l'absidiole romane. Trois fenêtres et une petite rose en quatre-feuilles sont percées dans le bas-côté droit; le bas-côté gauche n'a pas de fenêtres. La grande rose du portail éclaire la nef avec les huit fenêtres que nous venons de mentionner.

Le transept a un aspect archaïque qui contraste avec celui de la nef. Les arcs ogives de ses voûtes sont formés de gros tores uniques, d'un travail très primitif. Son croisillon droit a été fortement retouché au xvie siècle; toutefois, on n'a pas touché à la voûte. La chapelle existant de ce côté, près du chœur, a des arcs ogives plus fins que ceux du transept, et c'est pourquoi on pourrait dater sa voûte du xiiie siècle, à moins que cette voûte n'ait été refaite au xvie avec le reste, et sur le modèle ancien, ce qui est arrivé quelquefois pour les voûtes. Le croisillon gauche n'a subi aucun remaniement; aussi nous est-il parvenu sans altération et dans sa forme primitive. L'absidiole romane qui existe de ce côté, près du chœur, est la partie la plus ancienne de l'édifice. Sa voûte est la voûte d'arêtes. Cette absidiole circulaire est éclairée au fond par deux étroites fenêtres. Elle communique avec le chœur par une arcade sans piliers, sans chapiteaux ni moulures. Ses murs sont d'une épaisseur énorme. On voit dans cette partie de l'édifice la moulure simple, particulière au roman, laquelle se retrouve sur les piles du transept et sur le mur de clôture des deux dernières travées du bas-côté gauche. Le transept a une lumière suffisante. Deux fenêtres éclairent son croisillon droit. Deux grandes fenêtres, à quatre verrières, jettent une belle clarté dans la chapelle du xvie siècle. Une fenêtre et un *oculus* donnent du jour dans le croisillon gauche.

Le chœur se compose d'une partie droite, disons carrée pour plus de clarté, et d'un rond-point formé de trois travées. Sa partie carrée communique avec la chapelle du xvie siècle et l'absidiole, comme il vient d'être dit. Les arcs ogives de ce chœur sont semblables à ceux du transept, c'est-à-dire très primitifs. Le rond-point est éclairé par trois belles fenêtres à trois verrières. L'arc-doubleau de ce rond-point et l'arc de la fenêtre du milieu sont des arcs brisés aigus, tandis que l'arc triomphal qui termine la nef est un grand arc brisé équilatéral. Il résulte de cette disposition que l'intérieur de l'édifice, vu du bas de la nef, va en diminuant et présente une perspective

fugitive à laquelle les gros tores du rond-point ajoutent quelque
chose qui n'est pas sans majesté. De la construction, passons à
l'ornementation.

La flore de la nef d'Auvers est celle de la fin du xiie siècle et
des premières années du xiiie, la flore simple et large de Notre-
Dame de Paris. Nous retrouvons là, en petit, les crochets vigoureux de la grande cathédrale. Pourquoi faut-il, hélas! que
cette église ait subi un odieux grattage! Le modelé des feuillages, la grâce de leurs contours, ont été profondément altérés
par l'action de la râpe tenue par une main grossière, et, ici
comme ailleurs, le vandalisme des restaurateurs a dépassé celui
des révolutionnaires. Dans cette nef, nous voyons, à droite,
sur les chapiteaux des colonnettes du pilier engagé dans le mur
du portail, de l'arum avec crochets de nénuphar et de fougère ;
sur le chapiteau du premier pilier monocylindrique, de l'arum
et de la fougère ; sur celui du deuxième pilier, qui est retouché,
de l'arum avec crochets de fougère et de raisin ; sur celui du
troisième pilier, de l'arum avec crochets de fougère. Nous
voyons, à gauche, sur les chapiteaux des colonnettes du pilier
engagé dans le mur du portail, du nénuphar avec crochets de
fougère. Le chapiteau du premier pilier, qui n'est qu'épannelé,
n'a, par conséquent, aucun feuillage. Celui du deuxième pilier
donne de l'arum et de la fougère. Le troisième pilier, refait au
xvie siècle, ne présente aucun feuillage, puisqu'il n'y a pas de
chapiteau, ainsi qu'il a été dit plus haut. Les chapiteaux des
colonnettes du triforium, mieux conservés que ceux des gros
piliers, méritent d'être étudiés, car ils montrent la sculpture de
l'Ile-de-France dans sa pureté native. Il y a là surtout une admirable floraison d'arum naturel, c'est-à-dire à peu près tel que
la nature le donne. Sur ceux de droite, on aperçoit cette feuille,
la fougère, la vigne, le nénuphar. Sur ceux de gauche, on distingue encore l'arum, la fougère et le nénuphar. Ces feuilles
sont en partie reproduites, et avec la même perfection, sur les
hauts chapiteaux des colonnettes qui montent vers la voûte
pour recevoir les retombées de ses nervures. Remarquons que
la vigne est rare à Auvers. L'arum, la fougère et le nénuphar,
qui sont les plantes primordiales de la flore gothique, forment
presque à elles seules l'ornementation de la nef.

L'ornementation du transept et du chœur est encore celle de l'époque romane. Aussi cette sculpture est-elle supérieure à l'architecture de la partie de l'édifice qu'elle décore, vu qu'elle atteignait son apogée lorsque la construction gothique commençait. Les deux piles du transept ont de beaux chapiteaux d'acanthe. La pile droite du chœur, refaite au xvie siècle, lorsque fut construite la chapelle qui la touche, n'a pas de chapiteaux; mais celle de gauche présente des chapiteaux historiés, sur lesquels la râpe a malheureusement passé, de l'acanthe et des entrelacs. Dans l'abside, à droite, le premier et le second piliers ont des chapiteaux d'acanthe, et, à gauche, le premier pilier nous offre un chapiteau de nénuphar élégamment dessiné, et le second pilier un chapiteau d'acanthe. Cette plante domine naturellement dans une ornementation romane, même appliquée à une construction gothique, attendu qu'elle forme le fond de cette ornementation. En un mot, toute la sculpture de notre église est belle, soit qu'on l'examine au point de vue de la composition, soit qu'on l'étudie au point de vue de l'exécution; c'est bien la sculpture de cette grande Ecole de l'Ile-de-France, qui jeta un si vif éclat pendant tout le Moyen-Age.

* *
*

L'extérieur de l'édifice ne manque pas non plus d'intérêt. Le portail est d'une sévère simplicité. La grande porte a une voussure assez profonde dont les arcs toriques retombent sur huit colonnettes. Les bases de ces colonnettes ont été détruites par le temps. Leurs chapiteaux de fougère et de vigne sont également fort endommagés; quelques-uns ont été refaits. Un rinceau de vigne et de fougère, très finement sculpté, encadre la voussure. A gauche de la grande porte existe une petite porte donnant accès dans le bas-côté gauche. Elle n'a aucune ornementation. Au-dessus de la voussure de la porte principale rayonne la rose, récemment refaite sur le modèle de celle du portail occidental de Notre-Dame de Paris. Elle est jolie, mais un peu lourde. Un pignon, au milieu duquel s'ouvre une petite baie, termine la façade. Au midi de l'église se trouve une porte latérale, percée dans la troisième travée du bas-côté droit. Elle a été restaurée et sur son tympan on a sculpté le triomphe de la Vierge. Cette porte n'a plus de valeur archéologique.

Le clocher, posé sur le milieu du transept, est extrêmement curieux. Il indique bien la *Transition*. D'une belle hauteur, il présente deux longues baies sur chaque face. Ces baies ont deux archivoltes : une lisse, retombant sur des pieds-droits ornés de la petite moulure romane, et une torique, retombant sur de minces colonnettes dont les chapiteaux minuscules sont formés d'arum ou de nénuphar, l'élévation où ils se trouvent ne nous ayant pas permis de bien voir laquelle de ces deux feuilles a été reproduite. Aux angles de ce clocher et sur chaque face, entre les baies, montent des colonnettes avec moulure ou anneau à la hauteur des archivoltes, et surmontées à cet endroit de colonnettes plus menues qui finissent, à la hauteur du toit, par des figurines. Le toit en bâtière porte la croix de fer avec le coq. A ses angles sont des boules en pierre. Le tout est fort gracieux.

Le pourtour extérieur de l'abside est orné de ces modillons à têtes grotesques que l'on rencontre dans la plupart des constructions romanes. L'extérieur de l'absidiole possède une ornementation qui démontre clairement l'ancienneté de cette partie du monument. Enfin, signalons à l'angle ouest du croisillon méridional du transept une tourelle avec toit conique, qui ajoute encore au pittoresque de l'édifice.

Voici les dimensions de Notre-Dame d'Auvers :

Hauteur de la nef, sous voûte	14^m
Hauteur du transept et du chœur, sous voûte	12^m
Largeur du transept	22^m
Longueur totale de l'édifice	$42^m,20$
Largeur totale de la nef, y compris les bas-côtés.	16^m

L'architecte, le sculpteur, le dessinateur, peuvent trouver à Auvers d'heureuses inspirations. Malgré le déplorable grattage dont elle a souffert, cette église est encore un témoin précieux de l'art de construire et de l'art ornemental du milieu du XIIe siècle et du commencement du XIIIe, alors que le gothique, déjà sûr de lui-même, mettait la première main à l'édification des grandes cathédrales.

L'ÉGLISE DE WISSOUS

ISSOUS est un petit village situé à environ quatre lieues de Paris, entre les routes d'Orléans et de Lyon, dans une plaine, dorée pendant l'été par de riches moissons. Au XIIe siècle il s'appelait Vizoor, Viceor, dont on a fait plus tard Viceours, Vissous et Wissous. D'après Lebeuf ce nom vient de *Vicorium*, qui signifie petit village, hameau (1).

L'église de Wissous se compose d'une nef à quatre travées, d'un chœur à deux travées, et d'un seul bas-côté, à droite de la nef, se terminant par une chapelle qui correspond à la seconde travée du chœur, bas-côté sur lequel s'élève le clocher.

Les piliers des arcades par lesquelles la nef communique avec son unique bas-côté, sont carrés avec chanfrein aux angles. Ils n'ont pas de chapiteau, mais une moulure assez large formée d'un filet, d'un petit cavet, d'un tore et d'un second cavet qui forme la tête du chanfrein. Les grands arcs sont des arcs brisés ornés d'un simple chanfrein, et ils ont un aspect tout primitif. On sent que l'on est là en présence du gothique rudimentaire, se dégageant à peine du roman sur lequel il s'appuie encore. Ces vénérables arcades dont le temps a littéralement rongé les moulures, nous paraissent être du second quart du XIIe siècle. Elles sont pour l'archéologue la partie la plus intéressante de l'édifice avec la travée du bas-côté sur laquelle porte le clocher et dont nous allons parler tout à l'heure. Le mur septentrional de la nef, qui fait face à ces arcades, est complètement nu. Il est percé de quatre fenêtres, mais il n'en existe plus au-dessus des arcades. Cette nef a une voûte en berceau, voûte en maçonnerie de construction récente. Lorsqu'on monte dans les combles du bas-côté droit, on aperçoit dans l'épaisseur du mur de la nef, les traces d'anciennes fenêtres et, au-dessus, des extrémités

---

(1) Abbé Lebeuf. Histoire de la Ville et de tout le Diocèse de Paris. Tom. X. p. 78-80.

d'entraits laissés dans la maçonnerie ; ce qui indique que des fenêtres ont existé autrefois au-dessus des grandes arcades et que la nef était simplement voûtée par une charpente apparente.

La première travée du chœur présente un beau carré. La seconde a moins de longueur et se termine par un mur droit.

ÉGLISE DE WISSOUS.

Les six piliers du chœur sont formés de colonnettes en faisceau, séparées dans leur longueur par de fortes moulures angulaires. Sur leurs chapiteaux feuillagés retombent les arcs ogives de la voûte composés d'un méplat entre deux tores. Le grand arc est majestueux. Il présente deux rangs de claveaux toriques. L'arc-doubleau qui sépare les deux travées est sensiblement affaissé. Une arcade semblable à celles de la nef fait communiquer la première travée du chœur avec la travée du bas-côté droit qui supporte le clocher. Autrefois l'autel était placé contre le mur terminal. On voit encore sur ce mur les vestiges d'une ornementation en bois sculpté, paraissant dater du xviie siècle.

Deux fenêtres ouvertes dans le mur septentrional, et une fenêtre percée dans le mur terminal, éclairent le sanctuaire. Devant ce chœur existe une grande balustrade en pierre, qui doit être de la même époque que l'ornementation dont nous signalons les vestiges. Si la nef de Wissous est de la première moitié du xiie siècle, on peut dire que le chœur est de la seconde moitié de ce siècle, de 1160 environ.

Le bas-côté droit dans sa partie qui longe la nef a été voûté au xve siècle, ainsi que l'indique la forme des arcs ogives. Il est éclairé par quatre fenêtres. A la suite du bas-côté proprement dit, à l'alignement du chœur, existe un mur percé d'une arcade qui donne accès dans la travée qui soutient le clocher. Cette arcade a une archivolte lisse, en retraite du mur qui forme lui-même archivolte avec chanfrein. L'archivolte du mur retombe sur un pilier formé par ce même mur, et orné d'une simple moulure comme les piliers de la nef. L'archivolte de l'arcade en retraite retombe sur deux beaux piliers cylindriques, portant des chapiteaux feuillagés, et dont les bases sont formées d'un tore, d'une gorge et d'un second tore avec pattes. La voûte de cette travée qui, ainsi qu'il vient d'être dit, correspond à la première du chœur, est une voûte d'arêtes romane. Après la travée on entre dans la chapelle terminale. Elle est du xve siècle, et a dû être construite lorsqu'on a voûté le bas-côté, Dans son comble on retrouve l'ancien mur extérieur du chœur avec une rangée de pointes de diamants et un modillon formé d'une tête d'homme. Là sont aussi les vestiges d'une fenêtre qui éclairait le chœur et qui correspondait à l'une de celles qui sont ouvertes dans le mur septentrional de ce chœur. Ces vestiges établissent qu'à l'origine le bas-côté finissait au clocher.

Sur le mur du bas-côté, près de l'arcade, existe une fresque, aux trois quarts effacée, qui paraît être du xvie siècle. Elle donne des épisodes de la vie de sainte Barbe. Enfin, dans le milieu de la nef, et à l'entrée du bas-côté, existent plusieurs pierres tombales dont les inscriptions sont très difficile à lire par suite des détériorations qu'elles ont subies, Elles offrent cependant encore de l'intérêt.

*_**

L'ornementation florale de notre petite église est peu variée,
Sur les chapiteaux des colonnettes du premier pilier du chœur,
à droite, nous voyons du nénuphar ; sur ceux des colonnettes
du deuxième pilier, encore du nénuphar, et sur ceux des colonnettes du troisième pilier, du nénuphar et de l'acanthe. Sur les
chapiteaux des colonnettes du premier pilier, à gauche, on
aperçoit du nénuphar ; sur ceux des colonnettes du deuxième
pilier, du nénuphar, de l'acanthe avec raisin ou pomme de pin,
et sur ceux des colonnettes du troisième pilier, du nénuphar.
Dans le bas-côté, le chapiteau du pilier droit de l'arcade du
clocher présente de l'acanthe, et celui du pilier gauche donne
du nénuphar. Quand on trouve dans un édifice l'acanthe, qui
est la feuille romane par excellence, et le nénuphar, qui est
l'une des feuilles primordiales du gothique, il est évident que
cet édifice appartient au milieu ou à la fin du xiie siècle.

Cette sculpture est belle comme dessin, et l'exécution répon-
dait à la composition. Malheureusement elle a été grattée et
regrattée à tel point que les feuilles de nénuphar du chapiteau
du troisième pilier du chœur, à droite, sont presque effacées.
Il y a plus encore, un sculpteur. ou plutôt un manœuvre, s'est
avisé de faire des dents aux feuilles de nénuphar du chapiteau
de l'arcade du clocher et aux mêmes feuilles de l'un des chapiteaux du premier pilier du chœur, à gauche, de sorte qu'on les
prendrait volontiers pour des feuilles de chêne, si on ne retrou-
vait le nénuphar aux contours généraux des feuilles et dans
certains détails qui ont échappé à son outil grossier. Cet
homme ne savait pas, sans doute, qu'il se trouvait en présence
d'une interprétation du nénuphar, et il a pensé faire quelque
chose de bien en transformant une feuille qu'il ne connaissait
pas, qui lui paraissait étrange, bizarre, en une feuille connue
de tout le monde Quand un peuple est assez mal inspiré pour
laisser perdre ses traditions d'art, ce qui nous est arrivé au
xvie siècle, l'ignorance et le mauvais goût ne tardent pas à
détruire les chefs-d'œuvre dûs à ses ancêtres. C'est ainsi que
s'est trouvée en partie détruite ou altérée la belle ornementation
florale de nos monuments religieux du xiie au xve siècle, pour
ne parler que de l'époque gothique.

* *

L'extérieur de l'église de Wissous, sauf le clocher, n'a rien
de remarquable. Le portail n'offre aucun ornement. Au-dessus
de la porte, qui n'est même pas dans l'axe de la nef, se trouve
une fenêtre qui donne de la lumière dans cette nef. Il n'existe
pas d'arcs-boutants sur les côtés de l'édifice : de simples contreforts soutiennent les murs de clôture. Au haut du mur septentrional de l'abside, près du toit, on voit encore un rang de
pointes de diamants, au-dessous desquelles se trouvent des modillons refaits. Un d'eux qui a échappé à la destruction, représente une tête d'homme grimaçante. Ces vestiges d'ornementation romane, semblables à ceux que nous venons de signaler
dans le comble de la chapelle du bas-côtés, établissent bien que
cette abside est du xiie siècle. On voit encore sur le mur septentrional de la nef, les traces d'un grand arc brisé indiquant que
là fut autrefois une ouverture. Or, étant donnée la physiono-
mie singulière du portail, il est permis de penser que là se
trouvait la porte de l'église qui aura été supprimée lorsqu'on a
remanié l'édifice. Quant au clocher, il mérite d'être étudié, car
sa tour est aussi ancienne que la travée sur laquelle il s'élève.
Cette tour carrée a sur ses angles de légers contreforts. Elle
est percée sur chacune de ses faces de deux longues arcades
avec archivoltes en plein cintre, lisses, et retombant sur des
pieds-droits ornés simplement de la moulure romane. Plusieurs
des arcades sont bouchées dans une bonne mesure de leur
hauteur. La partie supérieure du clocher, maçonnerie moderne
sans valeur, est recouverte d'un toit en bâtière avec croix en
fer surmontée du coq.

Voici, approximativement, les dimensions de l'édifice :

Hauteur de la nef, sous voûte.............. 10 mètres.
Hauteur du chœur, sous voûte............ 9 —
Largeur de la nef, y compris le bas-côté. 14 mètres.
Longueur totale de l'édifice.............. 30 —

L'abbé Lebeuf a dit : « L'église de ce lieu reconnaît saint
Denis pour son patron. Les piliers du chœur désignent cet édifice du xiiie siècle, mais raccommodé depuis (1). » A notre avis,

____

(1) Abbé Lebeuf, *loc. cit.*, p. 81.

Lebeuf s'est trompé. Notre église est du xiie et non du xiiie siècle. Quant au mot *raccommodé*, il exprime d'une façon malheureusement trop exacte la manière dont elle a été traitée par
de prétendus restaurateurs. Ajoutons que l'éminent historien
du diocèse de Paris, auquel on est presque toujours obligé
d'avoir recours, s'est montré d'un regrettable laconisme dans
la plupart de ses descriptions d'églises de campagne. A Wissous, il a jeté un regard rapide sur le chœur et ne s'est même
pas occupé du reste de la construction. Trois lignes pour cet
édifice sont vraiment insuffisantes.

D'après certains bruits, il serait question de démolir Saint-
Denis de Wissous pour construire une nouvelle église Par le
temps qui court, il faut s'attendre à tout : après la râpe viendrait la pioche. Aux archéologues et aux architectes amis du
passé, il appartient de protester. Les églises sont, en quelque
sorte, leur patrimoine; à eux de se liguer pour les défendre :
on nous trouvera toujours au premier rang. Oui, ces monuments ont pour le penseur un attrait particulier. Lorsqu'on
pénètre sous leurs voûtes, qu'elles soient élevées comme celles
de Notre-Dame d'Amiens ou relativement basses comme celles
de Saint-Denis de Wissous, l'impression qu'elles produisent
est la même, car en voyant les antiques piliers au pied desquels
se sont agenouillées tant de générations aujourd'hui descen-
dues dans la tombe, on se sent transporté dans un monde à jamais fini, et les siècles écoulés apparaissent là aussi distincte-
ment que dans les livres d'histoire les plus dramatiquement
écrits.

L'ÉGLISE DE VAUMOISE

Caché dans un pli de terrain entre Crépy-en-Valois et Villers-Cotterêts, sur la lisière de la forêt de ce nom, le petit village de Vaumoise tire son nom de sa situation sur la Moise, charmant cours d'eau qui se jette dans l'Authonne, ombragé de saules, de peupliers, et sur les bords duquel croissent en pleine liberté toutes nos plantes indigènes qui aiment la fraîcheur de l'eau et l'ombre des grands bois. Aussi le nom de ce village s'est-il écrit Vaulxmoise, Vaulmoise, et enfin Vaumoise, c'est-à-dire vallée de la Moise. Dans les chartes on le trouve mentionné sous les formes suivantes : *Vallis moisis, Valmosium, Waltmesia, Valmoseium* en 1145 ; enfin sous la forme *Valmesia*, d'où est venu Vaumoise. Son histoire est celle du Valois, de cette province essentiellement française qui faisait partie de l'ancienne Ile-de-France,

L'église Saint-Pierre de Vaumoise a l'humilité du milieu qui l'a vu naître, mais la grâce et la pureté dans les arts, comme dans l'ordre naturel et moral, viennent souvent orner ce qui au premier coup d'œil paraît chétif et vulgaire. Ainsi en est-il de notre petit édifice. Celui qui descend dans la vallée passe devant lui indifférent et distrait, sans se douter que son extérieur très simple cache un intérieur dans lequel se révèle déjà le grand art chrétien du Moyen-Age,

L'église de Vaumoise se compose actuellement d'une nef à deux travées, d'un petit transept avec deux absidioles dans son mur est, et d'une abside à trois travées.

La nef, très probablement, n'a jamais été voûtée, mais autrefois elle était plus haute. Aujourd'hui elle est plus basse que le transept et le chœur. Elle est plafonnée et son raccord avec la voûte du transept masque le grand arc de cette partie de l'édifice. A gauche existait un bas-côté. Nef et bas-côté dataient de l'époque romane, du commencement du xiie siècle. Lorsque le bas-côté fut supprimé, on ferma les arcades de la nef qui permettaient de communiquer avec lui. On aperçoit encore les trois piliers et les arcs brisés des deux arcades qui font une légère saillie en dehors de la maçonnerie. Le pilier du milieu a une largeur de 1 mètre 38 centimètres. Il présente un chanfrein à ses angles, et la moulure qui le termine est formée d'un filet et d'un biseau. Son arcade n'a pour ornement qu'un biseau. Les deux autres piliers et leurs arcades sont du même style. Aucun bas-côté ne paraît avoir existé à droite. De ce côté de la nef, contre le transept, on voit un contrefort. Il est permis de penser que ce contrefort était primitivement à l'extérieur de l'édifice, et que, au moment où le bas-côté gauche a été supprimé, on aura élargi la nef à droite, travail qui a eu pour résultat d'y faire entrer cette masse de pierre. Le mur de droite n'offrant aucune trace de pilier ou d'arcade, son aspect semble confirmer cette opinion. Autrefois cette nef, bien que non voûtée, était évidemment plus haute. Des fenêtres devaient se trouver au-dessus des arcs, au moins à gauche. Aujourd'hui il existe deux fenêtres dans le mur droit, et on en a percé deux autres dans la maçonnerie remplissant les anciennes arcades du bas-côté. Une cinquième fenêtre existe également au portail au-dessus de la porte.

Lorsqu'on a franchi la nef et que l'on se trouve dans le transept, en face l'abside, toute cette partie de l'édifice apparaît ce qu'elle est, c'est-à-dire simple, pure, majestueuse. Le grand arc du transept ou arc triomphal, son pilier droit, la voûte de sa partie médiane ainsi que la voûte de son croisillon droit, ont été refaits au xve siècle comme l'indiquent leurs nervures prismatiques. La voûte du croisillon gauche qui supporte le clocher est très ancienne ; c'est la voûte d'arêtes romane. Dans la nef à gauche, en face le contrefort enclavé que nous venons de signaler, sur deux anciennes colonnettes dont les chapiteaux sont brisés, on voit encore la retombée du grand arc primitif, ce qui montre avec quel peu de soin ont été faites les réparations du xve siècle. Le pilier droit du transept, retouché à ce moment, n'a plus de colonnettes ni de chapiteaux, mais son pilier gauche et les deux piliers du chœur sont formés de colonnettes en faisceaux avec chapiteaux feuillagés. Ces colonnettes, très belles de lignes, ont des bases ioniques avec pattes. Le grand arc du chœur et les deux grands arcs des croisillons qui s'appuient sur ces piliers, sont des arcs brisés légèrement surélevés, et par conséquent d'une remarquable élégance. L'abside, qui semble ne former qu'un seul et même tout avec le transept, est demi-circulaire. Sa voûte n'a pas été refaite et ses arcs ogives sont formés d'une moulure angulaire entre deux tores. Chacune de ses trois travées est percée d'une fenêtre en plein cintre surmontée d'un *oculus*. Deux fenêtres percées l'une dans le mur du croisillon droit et l'autre dans le mur du croisillon gauche, donnent du jour dans le transept. Ainsi qu'on le voit, le transept et l'abside sont de l'époque gothique primitive et nous croyons pouvoir les dater de 1150 environ, milieu du xiie siècle.

Quant aux deux absidioles existant dans le mur est du transept, elles sont, comme la nef, très intéressantes au point de vue archéologique, car elles ont les caractères architectoniques des piliers et des arcs dont nous avons parlé. Ces absidioles sont voûtées en cul-de-four. Les archivoltes de leurs arcades sont en arc brisé avec simple biseau. Elles retombent sur des piliers formés par le mur même du transept, piliers qui ont pour tout ornement un filet et un biseau. Cette moulure contourne l'intérieur des édicules. Dans l'absidiole droite on voit une petite piscine dans le mur de clôture. Son orifice demi-circulaire est orné d'un rang de petites boules ayant un trou au milieu, et ressemblant assez à des grains de chapelet coupés en deux.

Dans le mur ouest du croisillon gauche, en face l'absidiole de ce croisillon, existent les vestiges de la dernière arcade du bas-côté supprimé. Cette arcade a été murée comme celles de la nef. Dans la maçonnerie s'ouvre la porte de la sacristie qui occupe ainsi la partie de l'ancien bas-côté la plus voisine du transept. Ceci dit pour la construction, passons à l'ornementation.

L'ornementation florale de notre petite église est d'une grande simplicité ; l'acanthe romane et le nénuphar, plante du gothique naissant, en font tous les frais. Le pilier droit du transept, ayant perdu ses colonnettes avec leurs chapiteaux, n'a plus aucun feuillage ; mais sur les chapiteaux des colonnettes du pilier gauche nous voyons du nénuphar. Le premier pilier du chœur, à droite, donne du nénuphar du côté du transept, et de l'acanthe du côté du sanctuaire. Le second pilier, également à droite, au fond de l'abside, donne du nénuphar. Le premier pilier du chœur, à gauche, présente de l'acanthe du côté du transept, et du nénuphar du côté du sanctuaire. Le second pilier, également à gauche, au fond de l'abside, donne de l'acanthe. Cette sculpture de Saint-Pierre de Vaumoise est fort belle comme dessin et coup de ciseau, car sa simplicité ne nuit en rien à sa beauté. De plus, chose rare aujourd'hui, elle est bien conservée, sauf quelques brisures auxquelles toute œuvre ancienne ne peut échapper. Il y a là des motifs d'acanthe et de nénuphar qui méritent d'être étudiés. Aussi, avant de quitter l'intérieur de notre église pour examiner son extérieur, nous émettons un vœu, celui de la voir un jour bien lavée, débarrassée de l'épais badigeon qui la couvre et qui empâte ses remarquables chapiteaux. Alors, malgré les dégradations causées par le temps, elle paraîtra ce qu'elle est en réalité, c'est-à-dire un édifice dans lequel le roman qui finit fait place au gothique très pur qui commence.

*
* *

L'extérieur de l'édifice n'est pas aussi intéressant que l'intérieur ; cependant, il peut donner lieu à de curieuses remarques. Le portail n'a aucune valeur. C'est une maçonnerie qui doit dater du commencement du siècle, alors qu'on a, sans doute, démoli le bas-côté gauche et plafonné la nef. Sur le transept sud on aperçoit un reste d'arcature plein cintre inscrivant des contre-corbeaux et quelques têtes plates. En faisant le tour de l'abside, on constate que ses trois fenêtres, primitivement plus longues, ont été bouchées dans une partie de leur hauteur. Emmanuel Woillez (1) a vu sur les murs du transept des moulures en zig-zag qui n'existent plus. Graves (2) nous dit : « Que le chœur et les chapelles figurent à l'extérieur trois absides en hémicycle, à toit en calotte ou dôme, en pierre », et que : « le

---

(1) Emmanuel Woillez. *Répertoire archéologique du département de l'Oise*, p. 183.
(2) Graves. *Précis statistique sur le canton de Crépy-en-Valois.* Extrait de l'Annuaire de 1843.
Ces deux auteurs ne donnent sur notre église qu'une description des plus sommaires.

4

transept sud montre une corniche à modillons de têtes plates, avec une série d'arcades à plein cintre inscrivant des contre-corbeaux ». A l'heure où nous sommes, les trois voûtes en pierre sont recouvertes par une toiture en zinc, à bordure rabattue, dentelée. Quant à la série d'arcades et aux têtes plates, il n'en subsiste que le peu que nous venons de signaler. Reste maintenant le clocher, qui est carré et surmonté d'un toit en bâtière avec croix en fer portant le coq. La tour appartient à la construction primitive et romane. La partie supérieure où sont les cloches, est moins ancienne. On la dit moderne, mais nous sommes loin de partager cet avis. Si elle était moderne, elle serait certainement en maçonnerie comme le portail et non en pierre de taille. D'ailleurs, l'état de cette pierre sur laquelle l'action du temps s'est fait sentir, son ton gris tout à fait semblable à celui de la pierre de la tour, nous autorisent à penser que cette partie supérieure du clocher remonte à plusieurs siècles et qu'elle doit dater du xv⁰ siècle, époque à laquelle on a refait les voûtes et l'arc triomphal du transept. La forme de plusieurs de ses baies semble encore venir à l'appui de cette opinion. Toutefois, il faut convenir que la restauration du clocher a été aussi mal faite que celle de l'arc triomphal, malgré la beauté des matériaux, car à l'angle nord-sud de la partie refaite, on voit des vestiges de la partie détruite, vestiges qui indiquent que cette partie était plus large et plus haute que celle qui lui a succédé. Sur la face sud de la tour on aperçoit dans la construction même un quart de cercle en pierre de taille dont la présence est assez difficile à expliquer dans l'état actuel du clocher, mais qui a tout l'air d'un fragment d'arc de décharge. Dans tous les cas, à en juger par ce qui nous en reste, le clocher devait être très beau lorsqu'il sortit des mains des constructeurs romans.

Voici, en terminant, les dimensions principales de l'édifice :

Hauteur de la voûte du chœur. . . . . 9 m.
Largeur du transept d'un croisillon à l'autre. . 12 m. 70
Largeur de la nef . . . . 6 m. 10
Longueur totale de l'édifice . . . . 20 m.

L'ÉGLISE DE LONGJUMEAU

Au Moyen-Age, Longjumeau s'appelait Nonïumeau, Noiumeau diminutif de Noium ou de Nouion, *Noviomellum*. Ce nom viendrait du celtique *noio* ou *novio*, et du germanique *mael* ou *mall*, et signifierait *nouvelle assemblée*. On a pensé que les rois Mérovingiens tinrent parfois leurs plaids dans les prairies où nous voyons aujourd'hui Longjumeau, et que ce village prit son nom de cette circonstance. Telle est du moins l'étymologie donnée par Lebeuf (1).

L'église Saint-Martin de Longjumeau se compose d'une nef à trois travées, d'un chœur à deux travées, et de deux bas-côtés qui se prolongent jusqu'à l'extrémité du chœur. Construite dans la première moitié du xiiie siècle, elle a été en partie refaite à la fin du xve, et présente des dissemblances qui, cependant, ne nuisent pas à la beauté de l'ensemble.

La nef est large. Les deux piliers de la première travée sont monocylindriques. Les tailloirs de leurs chapiteaux n'ayant pas la saillie nécessaire pour recevoir les bases des colonnettes qui montent vers la voûte, deux anges supportent ces bases. Les deux piliers de la deuxième travée sont formés de colonnettes en faisceau. Du côté de la nef, trois colonnettes s'élèvent jusqu'à la voûte pour recevoir les retombées de ses arcs ogives, mais par suite de l'amincissement de ces arcs refaits au xve siècle, les chapiteaux des deux grosses colonnettes qui, primitivement, supportaient l'arc-doubleau, sont restés sans emploi et font une saillie peu agréable à l'œil. Du côté des collatéraux ces piliers ont de petites colonnettes qui

---

(1) Lebeuf. *Histoire de la Ville et de tout le Diocèse de Paris*, t. X p. 111.

Pour l'adjectif *Novios*, voir d'Arbois de Jubainville : *Les premiers habitants de l'Europe*, t. II, p. 256. Cet ouvrage a une importance capitale pour l'étude de nos origines nationales, et on désire vivement la publication du troisième et dernier volume.

reçoivent les retombées des grands arcs et des arcs ogives de ces collatéraux. Les grands arcs de la nef sont des arcs brisés, larges mais sans lourdeur. Les arcs de la première travée sont du xve siècle ; ceux de la deuxième travée sont du xiiie siècle ; l'arc droit de la troisième travée est du xiiie siècle, et l'arc gauche du xve. Les arcs du xiiie siècle n'ont qu'un rang de claveaux moulurés. Cette nef n'a pas de triforium ; elle n'a pas, non plus, de hautes fenêtres. Son éclairage lui vient des fenêtres des collatéraux. La voûte s'harmonise assez bien, comme hauteur, avec la largeur de la nef. Elle n'est pas élancée, toutefois elle n'écrase pas les arcades. Disons de suite que cette voûte, ainsi que celle du chœur et des collatéraux, ont été refaites au xve siècle.

Le chœur est dans les mêmes proportions que la nef. Son sol est surélevé d'une marche. Les deux piliers de sa première travée ne se ressemblent pas. Celui de droite, qui aide à supporter le clocher, présente du côté du chœur un pilastre massif, et vers le collatéral de légères colonnettes. Celui de gauche est du xve siècle. Les deux piliers de la deuxième travée ne se ressemblent pas non plus. Celui de droite est en forme de croix. Il se compose de seize colonnettes, dont quatre grosses et douze petites. Ce pilier, d'une grande pureté de style, est le plus beau de tout l'édifice. Celui de gauche est du xve siècle, et, comme son voisin, n'a aucun ornement. Les grands arcs du chœur sont des arcs brisés, beaucoup plus aigus que ceux de la nef. Les deux arcs de droite sont du xiiie siècle, et ont deux rangs de claveaux élégamment moulurés. Les deux arcs de gauche sont du xve siècle, et n'ont pour ornement que la moulure prismatique de cette dernière période de l'art gothique, moulure qui existe d'ailleurs sur les grands arcs de la nef qui datent du même temps. Ce chœur finit par un mur droit. Dans ce mur est percée une large fenêtre dont, malheureusement, la hauteur a été diminuée d'un tiers, environ, lorsqu'on a construit, au xviiie siècle, la sacristie qui se trouve derrière le chevet de l'édifice. La voûte de cette partie de l'église se lie bien à celle de la nef.

Les collatéraux ont une largeur en rapport avec la largeur de la nef et du chœur. Ils se terminent aussi par un mur droit.

Cinq fenêtres éclairent le bas-côté droit. Les trois premières
sont du xve siècle ; la quatrième qui donne du jour dans la travée sur laquelle s'élève le clocher, est une simple lancette du
xiiie siècle, et la cinquième récemment refaite, porte la marque
du xve. Cinq fenêtres éclairent également le bas-côté gauche.
La première qui se trouve dans la chapelle des fonts baptis-
maux, située près de la porte gauche de l'église, doit dater du
xviiie siècle, les quatres autres sont du xve. Ces dix fenêtres
jettent dans les collatéraux une belle lumière qui se répand
dans la nef qui, sans elles, serait très obscure. En somme,
l'église de Longjumeau, considérée au point de vue de la construction, ne présente pas de problème difficile à résoudre comme
certaines églises de la *Transition* dans lesquelles le roman se
mêle au gothique. Au moment où elle fut construite, la Transition était finie, et on était en plein gothique, ainsi que l'atteste
d'ailleurs la flore de ses piliers que nous allons maintenant
examiner.

Dans la nef, à droite, sur le chapiteau du premier pilier, nous
voyons de l'arum s'enroulant sur lui-même et formant de vigoureux crochets, et sur les chapiteaux des colonnettes du deuxième pilier, de l'arum, du trèfle, de la vigne, auxquels vient
s'ajouter un joli motif de chêne du xve siècle, qui semble une
sorte de demi-couronne placée au-dessus des colonnettes regardant le collatéral. Dans cette même nef, à gauche, nous voyons
sur le chapiteau du premier pilier, du nénuphar formant d'épais
crochets, répondant bien à l'arum du chapiteau de droite, et
sur les chapiteaux des colonnettes du deuxième pilier, de l'a-
rum, du trèfle et encore du nénuphar. Malgré les détériorations
que le temps a fait subir à cette sculpture de la nef, on y retrouve la largeur de composition des premiers artistes gothiques.

Dans le chœur, nous n'avons pas de chapiteaux à gauche, les
arcades de ce côté ayant été refaites au xve siècle ; mais les chapiteaux des piliers de droite méritent une étude attentive : c'est
du pur xiiie siècle. Sur les chapiteaux des colonnettes du premier pilier nous trouvons une feuille d'un beau dessin et d'un
modelé remarquable. Cette feuille nous paraît identique à celle
qui se voit sur le chapiteau du pilier en croix de Saint-Germain

de Charonne, et que nous avons désignée comme étant de la grande fougère pointue, assez spéciale aux églises de la région parisienne. Or, aujourd'hui, après une nouvelle étude, nous sommes très porté à croire que ces feuilles ne sont pas de la fougère, mais simplement de la grande vigne pointue, surtout si on les rapproche de cette dernière vigne qui existe d'une façon certaine sur les deux chapiteaux en croix de l'église de Saint-Maur-des-Fossés. Nous nous sommes demandé si la feuille en question n'était pas du muguet, de la cardamine des prés ou même de la berle, plante abondante sur le bord de nos cours d'eau. Mais, tout bien considéré, nous sommes revenu à la vigne. Sur ce même pilier du chœur de Longjumeau, nous voyons encore deux jolies feuilles de chêne à dents pointues, à fortes nervures, et une feuille de grande-berce posée sur une petite console qui, à défaut de colonnette, soutient la retombée de l'un des arcs ogives de la voûte du bas-côté. La grande-berce est rare dans les églises des environs de Paris, bien qu'elle soit très commune dans les champs. Sur les chapiteaux des colonnettes du deuxième pilier, on aperçoit la vigne pointue dont il vient d'être parlé, traitée sur ce pilier d'une façon magistrale, et de la chélidoine bien caractérisée. Sur les chapiteaux des piliers engagés dans le mur de clôture du bas-côté droit et faisant face à ceux du chœur, on retrouve la même chélidoine sur l'un et la même vigne sur l'autre. Dans le carré formé par ces quatre piliers, on est sous la voûte de la travée du bas-côté droit supportant le clocher. Cette partie de l'édifice mérite vraiment d'être étudiée pour sa sculpture. Tous ses chapiteaux présentent cette pureté de dessin unie à cette fermeté d'exécution qui sont, par leur alliance, le caractère distinctif des œuvres de nos anciens maîtres de l'Ile-de-France.

Le bas-côté droit, dans sa partie correspondant à la nef, n'a aucune flore. Le bas-côté gauche offre de l'arum sur le chapiteau du deuxième pilier engagé dans le mur de clôture. De chaque côté de ce chapiteau on voit deux sculptures qui en sont indépendantes, et dont la présence dans le mur en cet endroit s'explique difficilement aujourd'hui. La sculpture de gauche représente un ange, et celle de droite un vigneron qui semble presser dans une petite cuve une grappe de la vigne sous laquelle il est placé. Le visage de l'ange est détérioré, mais la figure du vigneron, mieux conservée, est très expressive.

Notre église possède d'intéressantes clefs de voûte. Deux de ces clefs sont du xiiie siècle, les autres sont du xve. La clef primitive de la voûte de la travée du bas-côté droit qui soutient le clocher a été conservée. Elle est formée de belle vigne, telle qu'on l'interprétait au xiiie siècle. La clef primitive de la voûte de la troisième travée du bas-côté gauche a été également conservée. Elle est formée de larges feuilles de nénuphar semblable à celui des chapiteaux du deuxième pilier gauche de la nef. Cette partie de l'édifice, à en juger par la présence du nénuphar, nous paraît être un peu plus ancienne que les autres. Ajoutons que la clef de la voûte de la deuxième travée de ce même bas-côté, nous a semblé, elle aussi, être une clef primitive, sans que nous puissions l'affirmer, vu son état de détérioration. Parmi les clefs du xve siècle, signalons particulièrement celle de la voûte de la deuxième travée de la nef. Cette clef, qui doit être du chardon, est sculptée avec une délicatesse admirable. Elle a la forme d'une immense couronne. On dirait que l'artiste a voulu reproduire à cette hauteur la couronne d'épines du Sauveur. Les clefs des voûtes de la quatrième et de la cinquième travée du bas-côté gauche sont en pendentif. Celle de la quatrième travée est formée de feuillages, de fruits, de draperies et de figures. Celle de la cinquième travée est formée d'acanthe antique, telle qu'on la reprit à la Renaissance.

Avant de sortir de l'édifice pour examiner son extérieur, donnons approximativement les dimensions de son intérieur :

    Hauteur des voûtes de la nef du chœur . . . 13 m.
    Longueur totale de la porte au chœur . . . 30
    Largeur d'un mur de clôture à l'autre . . . 13

Le portail de Longjumeau est un des plus beaux et surtout un des mieux conservés de la région parisienne. La grande porte a une voussure profonde, concentrique, qui finit par un rinceau de vigne du xve siècle, c'est-à-dire largement découpée et sculptée à jour avec une habileté de ciseau qu'il serait difficile de surpasser, La grande archivolte qui encadre la voussure est ornée d'un rinceau de chêne de même style et de même travail. Sur ce rinceau de chêne court en feston une légère arcature

trilobée, dont les divisions sont marquées par de petites crosses
de chou frisé, et présentant à chacune de ses extrémités un
oiseau fantastique suspendu à une sorte de draperie. Dans les
ébrasements de la porte, sous l'arcature festonnée, sont deux

ÉGLISE DE LONGJUMEAU

belles niches, dont malheureusement les statues ont disparu.
De chaque côté de cette même arcature s'élèvent deux piliers
très minces, très élégants, qui montent jusqu'à la hauteur du
sommet du grand arc, et qui supportent des animaux fantasti-
ques. Derrière la voussure, abritée par un entablement placé
au-dessous de la grande fenêtre, on voit une large frise formée
de feuilles de vigne avec colimaçon, d'animaux bizarres et de

masques d'hommes. Cette frise annonce déjà le xvi° siècle. Sur le milieu de l'entablement qui la protège, on aperçoit des débris de pierres. Sont-ils les derniers vestiges d'un socle de statue ou d'une niche? Il est difficile de se prononcer sur ce point. Après l'entablement vient une belle fenêtre flamboyante, à quatre verrières, qui a conservé son caractère ancien. Puis cette partie médiane du portail se termine par un pignon accompagné de deux clochetons et surmonté d'une croix en pierre.

La porte droite est en arc surbaissé, orné d'un feuillage. Audessus existe une petite niche, très étroite mais très coquette. La porte gauche est aussi en arc surbaissé et feuillagé. Audessus se trouve une haute et large niche d'un travail admirable. Elle aussi a perdu la statue qu'elle abritait. D'après la tradition, les statues qui décoraient le portail étaient celles de Saint-Martin patron de l'église, de Saint-Laurent et de Saint-Eloi, si populaires au Moyen-Age. Lebeuf qui a peut-être vu ces statues, n'en parle pas dans la description qu'il fait de notre église, description à laquelle il a consacré quinze ou vingt lignes! (1) A côté de la porte gauche, à une certaine hauteur, se trouve une lanterne des morts, en pierre, dont la présence s'explique par ce fait qu'autrefois le cimetière se trouvait devant l'église. Tel est le portail de Longjumeau, portail ciselé plutôt que sculpté, et qui peut rivaliser pour la perfection du travail avec ce que le xv⁰ siècle a donné de plus beau et de plus achevé. Finissons par le clocher.

Le premier étage de ce clocher est du xiiiᵉ siècle. Il présente sur ses faces de longues baies étroites, à voussures formée de trois rangs de claveaux toriques. Les petits chapiteaux carrés des colonnettes de ces baies sont ornés de feuilles de cette époque de l'art gothique. Aux retombées des arcs, encadrant les archivoltes, sont des têtes d'hommes d'un vigoureux modelé.

Le deuxième étage a dû être refait au xvᵉ siècle en même temps qu'une partie des arcades de la nef et que les voûtes. Il est très simple, et n'offre que de petites arcades dont les archivoltes retombent sur des pieds-droits sans ornement. Le troisième étage est en maçonnerie moderne. Il a peu d'élévation, est

____

(1) Lebeuf. Loc. cit. p. 113-114.

percé d'*oculus*, et se termine par un toit carré finissant en
pointe avec croix et coq. A l'origine, ce clocher devait avoir
un très bel aspect. On ignore quelle cause a amené la destruction de la partie supérieure. A sa base, nous retrouvons la
fenêtre lancette qui donne du jour dans la travée du bas-côté
droit qui le supporte. L'extérieur de cette fenêtre a conservé
son ornementation. Sur les chapiteaux de ses colonnettes on
voit de l'arum et du trèfle. De chaque côté existe une figure
semblable à celles des baies du premier étage.

En terminant cette étude nous dirons aux artistes : Vous,
qui de toute la sculpture de l'époque gothique, paraissez n'ai-
mer aujourd'hui que celle du xvᵉ siècle, et qui courez souvent
bien loin pour en trouver des modèles, allez à Longjumeau ; et
si la dentelle de son portail ne vous charme pas, c'est que le
xvᵉ siècle, pas plus que les siècles précédents, n'a le don de
vous plaire.

L'ÉGLISE DE GONESSE

E village de Gonesse était au Moyen-Age la petite capitale d'une région de l'Ile-de-France que l'on appelait le Gonessois. Dans les chartes le premier nom de ce village est *Gaunissa*, « nom singulier, dit Lebeuf, et dont jusqu'ici on n'a pas trouvé l'étymologie (1) ». Plus tard *Gaunissa* devint *Gonessa*.

Saint-Pierre de Gonesse se compose d'une nef avec bas-côtés, d'une abside avec déambulatoire ou pourtour, d'un portail et d'un clocher. La nef a quatre travées doubles, ce qui donne huit arcades à droite et huit arcades à gauche. Les piliers séparatifs de ces travées sont ornés, à partir de leur base, de trois colonnettes. Au-dessus des grandes arcades règne le triforium ou galerie. Il est ajouré et seize fenêtres y versent la lumière. Ses arcades sont trilobées. Malheureusement, cette belle nef n'a pas été voûtée. Elle est couverte par une charpente apparente, en berceau légèrement brisé, et des entraits la soutiennent. Les bas-côtés sont voûtés ; ils sont éclairés par quatorze fenêtres. Le chœur a été édifié sur le modèle de celui de Notre-Dame de Paris. Il est svelte et bien voûté. La partie droite est formée d'une travée ; le rond-point en a sept. Le triforium n'est pas ajouré, mais les sept fenêtres du rond-point donnent au sanctuaire une suffisante lumière. Le pourtour n'a pas de chapelles, mais il a douze fenêtres pour l'éclairer. Le portail est large et élevé. Il a trois portes et possède trois roses. Le clocher s'élève sur le bas-côté droit, dans la partie correspondant à la grande travée du chœur. Sa base est romane ; elle a dû appartenir à une construction primitive ; le reste est gothique. En résumé, le chœur, qui est évidemment la partie la plus ancienne de l'édifice, date du commencement du XIIIe

---

(1) Lebeuf. *Histoire de la Ville et de tout le Diocèse de Paris*, tome VI, p. 411.

siècle ; la nef et le pourtour sont du milieu du même siècle. Le triforium de la nef, par la forme de ses arcatures et celle des tailloirs de ses chapiteaux, semble déjà annoncer le xive siècle. Si la nef n'a pas été voûtée, c'est que très probablement après la construction de la galerie le xiiie siècle avançait, l'élan des premiers jours n'existait plus et les ressources diminuaient (2). Telles sont les lignes principales de ce remarquable édifice considéré dans sa construction. Passons à son ornementation.

Les chapiteaux de Saint-Pierre de Gonesse sont l'œuvre de véritables artistes, et plus d'une cathédrale n'en a pas d'aussi beaux. C'est la sculpture de l'Ile-de-France dans toute sa pureté. La vigne domine dans la nef et le nénuphar dans l'abside. Nous avons souvent dit qu'avec la Flore on pouvait dater des monuments ou des parties de monuments. L'église de Gonesse nous donne encore raison ; le nénuphar, une des feuilles primordiales du gothique, règne dans l'abside, et la vigne, qui suivit de très près le nénuphar, règne dans la nef.

Le premier pilier de la nef, à droite, nous présente de l'arum avec crochets de vigne ; le deuxième, du trèfle très délicatement traité ; le troisième, de l'ancolie, reconnaissable au coup de ciseau qui entaille ses lobes inférieurs ; le quatrième, du trèfle ; le cinquième, de la chélidoine bien caractérisée ; le sixième, du trèfle encore, et le septième, du petit nénuphar en branche, avec crochets de fougère, composition des plus originales. Le premier pilier, à gauche, nous offre de la vigne ; le deuxième, encore de la vigne ; le troisième, une grande vigne à dents pointues d'un fort bel effet ; le quatrième, de la vigne avec crochets de coquilles d'escargots ou de vrilles enroulées, et du trèfle avec fleurs à pétales renversées ; le cinquième, une grande vigne avec échancrures ; le sixième et le septième, de la vigne telle qu'on l'interprétait communément au xiiie siècle, mais arrangée et rendue avec un art qui fait de ces deux chapiteaux deux chefs-d'œuvres.

Les deux premiers piliers du chœur, à droite, qui supportent le clocher, n'ont pas de chapiteaux, mais de simples moulures.

---

(2) Dans son très intéressant livre, *Essai sur l'Histoire religieuse de Gonesse*, M. l'abbé Maréchal dit que la nef fut voûtée au xiiie siècle, mais que les voûtes de cette partie de l'édifice s'écroulèrent au xvie.

Le premier du rond-point, qui vient ensuite, donne du nénuphar et du plantain ; le deuxième, du nénuphar et de la fougère ; le troisième du nénuphar seul. A gauche, en face la

CHAPITEAU DE L'ÉGLISE DE GONESSE

grande arcade supportant le clocher, se trouvent deux petites arcades dont les retombées reposent sur des chapiteaux formés de fougère et de nénuphar. Le premier pilier du rond-point, de ce côté, présente du nénuphar et de la fougère ; le deuxième, de l'arum, du nénuphar et de la fougère, et le troisième, encore du nénuphar et de la fougère. On voit qu'aussi bien comme ornementation que comme construction, cet abside rappelle celle de Notre-Dame de Paris, qui a fait école dans toute la région parisienne. Nous donnons ici le chapiteau d'ancolie du troisième pilier du côté droit de la nef. Il est remarquable, attendu que l'ancolie est relativement rare dans nos églises gothiques.

Au portail, la porte centrale est richement ornée. Son arcade est encadrée par un joli rinceau de vigne et de figuier. Six rinceaux de vigne garnissent la voussure. Dans les ébrasements, des colonnettes alternent avec des bandes de feuillages, au nombre de dix. A droite, on a quatre bandes de vigne et une bande de trèfle, et à gauche cinq bandes de vigne. Toute cette vigne présente des interprétations diverses. Elle est admirablement fouillée et ciselée. Une statue de Saint Pierre, tenant ses clefs, est adossée au trumeau de cette porte. Elle est évidemment moderne, et l'artiste qui a fait cette figure souriante paraît s'être inspiré de certaines statues du portail nord de Reims. Il nous faudrait dépasser de beaucoup les limites qui nous sont fixées pour détailler la sculpture des chapiteaux des bas-côtés de la nef, du pourtour du chœur et du triforium. Disons seulement que la sculpture des bas-côtés ressemble à celle de la nef, et que la sculpture du pourtour du chœur ressemble à celle de l'abside. Quant aux feuillages du triforium, ils annoncent l'approche du xive siècle, comme les tailloirs sous lesquels ils sont placés.

Voici les dimensions de l'édifice :

Hauteur de la voûte du chœur	15 m. 95
Largeur du chœur	16 m. 77
Hauteur de la voûte de la nef	17 m. 93
Largeur de la nef	17 m. 18
Longueur totale de l'édifice	47 m. 74

Telle qu'elle est, et malgré la voûte qui lui manque, l'église de Gonesse a grand air. Son ordonnance est simple et majestueuse. Son ornementation est des plus belles, et si ses feuillages ne sont pas très variés, leur interprétation est si diverse qu'il faut les étudier avec le plus grand soin pour arriver à les lire, et encore quelques-uns prêtent au doute, nous voulons parler des quatre premiers chapiteaux de la nef à gauche, qui nous paraissent être de la vigne, mais de la vigne qui se rapproche beaucoup de la chélidoine et de l'ancolie. Ce n'est que par l'étude approfondie des détails et par l'étude comparative des motifs que l'on peut arriver à se former une opinion sur le modèle que l'artiste a voulu rendre ; mais c'est précisément là qu'est l'intérêt de cette partie essentielle de l'archélologie monumentale.

L'ÉGLISE DE BEAUMONT-SUR-OISE

L'ÉGLISE de Beaumont-sur-Oise procède de Notre-Dame de Paris en partie par sa structure, en totalité par sa sculpture. Ce bel édifice se compose d'une nef à cinq collatéraux, et d'un chœur rectangulaire. Le clocher qui se trouve à droite, près du portail, est moins ancien que le vaisseau avec lequel il fait à peine corps ; c'est une juxtaposition. La longueur totale de la nef et du chœur est de 38 mètres environ. La voûte de la nef peut avoir 14 mètres de hauteur. Celle du chœur, n'en a guère que 10. La largeur totale de la nef et des collatéraux est d'environ 22 mètres. La nef a six travées simples, le chœur une travée double, et l'abside une travée simple. Cette abside se termine par un mur droit percé d'une large fenêtre qui jette du jour dans le sanctuaire. Quatre fenêtres éclairent le chœur. Les collatéraux de la nef aboutissent au sanctuaire et se terminent comme l'abside par un mur droit percé de chaque côté par deux fenêtres. Cinq fenêtres éclairent les bas-côtés droits, et neuf fenêtres les bas-côtés gauches. Au-dessus de la grande arcade du chœur, dans le mur existant entre cette arcade et la voûte de la nef, se trouve une petite rose à six lobes. Au portail, au-dessus de la porte, sont trois fenêtres qui, bien que masquées par l'orgue, donnent aussi un peu de jour dans la nef. De chaque côté de la porte sont percées deux fenêtres qui jettent encore de la lumière dans les collatéraux et correspondent à celles qui les terminent.

Dix beaux piliers monocylindriques, à chapiteaux carrés, supportent les grandes arcades de la nef, et deux semblables supportent celles du chœur. Dans les bas-côtés droits huit piliers de même forme reçoivent les arcs des voûtes. Dans les bas-côtés gauches on trouve pour supporter ces arcs, d'abord trois piliers également de même forme, ensuite trois piliers carrés avec colonnettes là où devait exister l'ancien clocher, et enfin deux autres piliers monocylindriques. Deux gros piliers formés de colonnettes en faisceau séparent la nef du chœur et deux autres piliers semblables séparent le chœur du sanctuaire.

Au-dessus des grandes arcades de la nef et dans toute sa

NEF DE L'ÉGLISE DE BEAUMONT-SUR-OISE

longueur existe un triforium qui, au point de vue de la construction, est peut-être la partie la plus remarquable de l'édifice. Il est formé dans chaque travée de trois petites arcades reposant sur des colonnettes jumelles posées en longueur. Ces colonnettes très hautes et très minces forment un ensemble d'une rare élégance. C'est en ce genre ce que jusqu'à présent nous avons vu de plus beau dans les Eglises des environs de Paris. Sur les chapiteaux des piliers de la nef s'élèvent les colonnettes qui reçoivent les retombées des arcs de la voûte. Ces colonnettes fines et annelées s'harmonisent parfaitement avec celles du triforium. Il est permis de regretter que ce triforium ne soit pas ajouré. La lumière ferait ressortir sa beauté et dissiperait la demi-obscurité qui règne dans les parties hautes de l'édifice. La voûte est légère et n'a pour la supporter que les doubleaux et les arcs-ogives. Cette nef est du pur XIIIe siècle. Le chœur et l'abside, qui sont un peu plus anciens, n'ont pas de triforium.

*
* *

L'ornementation de l'église de Beaumont est exceptionnellement belle. Plus d'une cathédrale en France n'en a pas de pareille. Ici, comme à Gonesse, c'est l'art sculptural de l'Ile-de-France dans toute sa pureté, dans toute sa grandeur, dans toute sa richesse. Les artistes de Beaumont se sont inspirés de Notre-Dame de Paris pour la composition de leurs chapiteaux. Quant à l'exécution, leur coup de ciseau est aussi fin, aussi délicat que celui des sculpteurs de la grande cathédrale. A Beaumont comme à Paris les mêmes plantes sont interprétées et de la même manière. On dirait que les artistes de Paris ont travaillé à Beaumont. Ce qui est certain, c'est que les chapiteaux des deux édifices sont l'œuvre d'une école unique.

Dans la nef, à droite, le chapiteau du 1er pilier nous donne de la vigne et de la fougère ; celui du 2e, de l'arum avec crochets de fougère ; celui du 3e, de la vigne avec deux têtes d'hommes dont l'une au lieu de bouche a un bec d'oiseau ; celui du 4e pilier semble avoir été supprimé pour placer la boiserie qui accompagne la chaire ; quant à celui du 5e pilier, formé de branches de vigne et de raisins, c'est un véritable chef-d'œuvre. A gauche, la sculpture est plus simple, mais toujours noble et vigoureuse. Les chapiteaux des cinq piliers sont formés d'arum avec crochets de vigne et de fougère.

Dans le double collatéral droit, la sculpture est en rapport avec celle des piliers de ce côté de la nef. Le chapiteau du 1er pilier présente de l'arum avec crochets de fougère : celui du 2e de l'arum et de la grande fougère ; celui du 3e, de la vigne avec raisin, les feuilles de vigne semblant abriter les feuilles de fougère. Ce chapiteau est un deuxième chef-d'œuvre. Le chapiteau du 4e pilier est plus simple ; il présente de l'arum et de la vigne. Celui du 5e pilier composé presque uniquement de fougère est un troisième chef-d'œuvre. Ici nous entrons dans la partie du bas-côté qui correspond au chœur. Sur le chapiteau du 6ᵉ pilier nous voyons de la vigne primordiale, c'est-à-dire telle qu'on l'interprétait dans les premiers temps de la sculpture gothique, à la fin du xɪɪᵉ siècle et au commencement du xɪɪɪᵉ. Ce chapiteau peut être mis sur la même ligne que les trois que nous venons de signaler comme des chefs-d'œuvres. Sur le chapiteau du 7ᵉ pilier, on voit du nénuphar avec de la vigne et sur celui du 8ᵉ de l'arum et de la fougère. Dans le double-collatéral gauche, la sculpture est également en rapport avec celle des piliers de ce côté de la nef. Sur les chapiteaux des trois premiers piliers monocylindriques on trouve l'arum et la fougère, et sur les deux premiers piliers carrés, les mêmes feuilles apparaissent aux chapiteaux des colonnettes. A partir du troisième pilier carré qui est le 6ᵉ du bas-côté, nous pénétrons dans la partie qui correspond au chœur. Sur ces colonnettes, nous apercevons l'arum, le nénuphar et la fougère. Sur le chapiteau du 7ᵉ pilier, monocylindrique, on voit l'arum et la fougère, et sur celui du 8ᵉ pilier, également monocylindrique, du nénuphar et du plantain.

Le chœur et l'abside ont une ornementation plus archaïque, surtout dans le choix des plantes, que celle de la nef et des parties des collatéraux qui lui correspondent. Déjà dans les parties de ces collatéraux correspondant au chœur, nous avons trouvé le nénuphar et le plantain, qui, avec l'arum, sont les premières plantes interprétées par les sculpteurs de nos églises. Les chapiteaux des colonnettes des gros piliers séparant la nef du chœur, donnent à droite du nénuphar avec de la fougère, et à gauche du nénuphar avec du plantain. Le chapiteau du pilier monocylindrique de droite dans le chœur porte du nénuphar et de la fougère, plantes qui se retrouvent sur les chapiteaux des deux piliers engagés du même côté. Le chapiteau du pilier monocylindrique de gauche porte du nénuphar et du plantain qui se retrouvent également sur les chapiteaux des deux piliers engagés du même côté. Sur les chapiteaux des colonnettes des gros piliers séparant le chœur de l'abside, se montrent à droite le nénuphar et l'acanthe, feuille de l'ornementation romane, et à gauche du nénuphar, de la fougère et du plantain que le temps a détérioré. Enfin, sur les chapiteaux des colonnettes en faisceaux de l'abside, nous retrouvons encore du nénuphar et de l'acanthe. Comme on le voit, cette ornementation du chœur et de l'abside qui se reproduit dans les chapelles terminales des bas-côtés ainsi que dans les parties de ces bas-côtés correspondant au chœur est différente de celle de la nef. De plus, étant donné que la voûte de la nef est plus haute que celle du chœur et de l'abside, il est clair que plusieurs années ont dû s'écouler entre la construction du chœur, de l'abside, et la construction de la nef.

Si maintenant nous revenons dans la nef pour examiner la flore du triforium, nous voyons que l'arum et la fougère ornent la presque totalité de ses petits chapiteaux. Cependant sur les hauts chapiteaux des colonnettes de la 6ᵉ travée de droite, on voit de l'arum naturel, c'est-à-dire la feuille d'arum complète, sans crochet, et sur ceux des colonnettes de la 2ᵉ travée de gauche du trèfle bien dessiné, feuille qui indique le second quart du xiiiᵉ siècle. Enfin sur les clefs de cette nef on distingue de la fougère et de la vigne.

Le portail de l'église est peu orné, mais ce qui existe est très beau. Au dessus du linteau de la porte court une frise de vigne avec raisin, d'un travail très fin. Très fin aussi le grand rinceau qui orne l'archivolte, rinceau composé de feuilles de vigne abritant chacune une grappe de raisin. Les chapiteaux des colonnettes des ébrasements sont également formés de vigne.

Quant au clocher, qui paraît être du commencement du xviᵉ siècle, il est imposant par sa masse, mais il n'a pas de sculpture.

En résumé, l'Église Saint-Laurent de Beaumont est un fort bel édifice du commencement du xiiiᵉ siècle, remarquable par son ordonnance, plus remarquable encore par sa flore qui a la valeur, proportions gardées, de celle de Notre-Dame de Paris. Une couche de badigeon recouvre ses merveilleux chapiteaux, mais nous les préférons tels à ce qu'ils seraient si on les soumettait à cet horrible grattage qui, par la main brutale d'un vulgaire manœuvre, leur enlèverait leur puissant modelé et leurs gracieux contours. Un premier restaurateur les a respectés, mais que Dieu les garde d'un second, c'est le meilleur vœu que nous puissions faire pour eux !

L'ÉGLISE DE CHAMPAGNE

Si les bords de l'Oise nous plaisent par leur fraîcheur, leur verdure et leur aspect ensoleillé, ils nous charment plus encore par les monuments si nombreux et si purs qu'ils offrent à l'étude de l'architecte, de l'artiste et de l'archéologue. On sent que dans cette région on est sur la terre natale du gothique.

L'église de Champagne se compose d'une nef à deux collatéraux, d'un transept, d'un chœur et d'un clocher posé sur le transept. Le transept et le chœur sont moins élevés que la nef. La nef a six travées; le chœur n'en a qu'une et finit par un mur droit. Il n'existe pas de pourtour, mais de chaque côté du chœur se trouve une chapelle. L'édifice a 3o mètres de longueur et de 13 à 14 mètres de largeur, y compris les bas-côtés. La nef a environ 13 mètres de hauteur. Le transept et le chœur n'en ont guère que 11. Malgré ces proportions modestes, l'église de Champagne a grand air, le peu de largeur de la nef donnant à la voûte un remarquable élancement.

Dix beaux piliers monocylindriques supportent les douze arcades de la nef. Sur les tailloirs de leurs chapiteaux, des faisceaux de colonnettes montent jusqu'à la voûte pour recevoir sur leurs petits chapiteaux les retombées de ses arcs. Ces colonnettes sont annelées. Les arcades sont simples, n'ayant pour moulures qu'un tore entre deux gorges. Au-dessus de ces arcades sont douze fenêtres ogivales borgnes jusqu'à la naissance de leurs arcs brisés. dans lesquels sont inscrites douze roses ajourées qui jettent sous la voûte et dans la nef un flot de lumière. La voûte, légère et gracieuse, est supportée par ses arcs ogives et par de simples doubleaux. Cinq fenêtres éclairent le collatéral droit, et six le collatéral gauche. Une grande rose existe au portail. Une autre rose beaucoup plus petite se voit sous la première. De chaque côté de la porte, dans le mur du portail, est percée une fenêtre. Ces deux fenêtres donnent encore du jour dans les collatéraux. Cette nef, comme on le voit, est du beau XIIIe siècle. Le transept a été refait au XVe. Ses gros piliers sont ondulés comme ceux de cette époque. Il est éclairé par deux fenêtres. A l'arc triomphal on voit une lézarde qui déchire la pierre en zig-zag. C'est le poids du clocher qui a dû la produire. Au-dessous de ce grand arc et dans sa largeur se trouve un autre arc, orné de festons, qui supporte sur ses reins une petite galerie à jour. Sur cette galerie s'appuie la poutre sur laquelle était fixée une croix. Le tout fait penser à un jubé. Le chœur n'a pas de piliers et par conséquent pas d'arcades semblables à celles de la nef. Il est éclairé au fond par une rose, et sur les côtés par deux fenêtres percées dans les murs de clôture. Des faisceaux de colonnettes engagées reçoivent sur leurs chapiteaux les arcs de la voûte et des fenêtres. Ce chœur est du XIIIe siècle, moins ancien que la nef de quelques années peut-être. Quand aux chapelles absidales existant de chaque côté, elles paraissent appartenir à une construction primitive. Elles sont voûtées en cul-de-four et éclairées chacune, au milieu, par deux fenêtres plein cintre. Le clocher, un peu haut peut-être, relativement au reste de l'édifice, est à deux étages. Ses baies sont longues et étroites, formées de colonnettes d'une ténuité, d'une légèreté admirables. C'est encore du XIIIe et le maître de l'œuvre a dû certainement s'inspirer de la flèche de Senlis. Sa toiture, refaite sans doute au XVe siècle, ne finit pas en aiguille. Elle est à quatre pans et rappelle celle des anciens beffrois.

Passons maintenant à l'ornementation. Les chapiteaux de notre église sont simples, c'est-à-dire peu ouvragés, mais leurs larges feuilles, leurs vigoureux crochets révèlent la puissance de conception et d'exécution de nos premiers artistes. Dans la nef, les chapiteaux des cinq piliers de droite sont formés : le premier d'arum avec crochets de nénuphar et de vigne ; le deuxième d'arum avec feuille de vigne formant le motif principal ; le troisième d'arum avec crochets de vigne ; le quatrième d'arum avec crochets de fougère ; le cinquième d'arum s'enroulant sur lui-même. Les chapiteaux des cinq piliers de gauche sont formés : le premier d'arum avec feuilles de vigne ; le

deuxième d'arum avec feuilles de nénuphar ; le troisième d'a-
rum et de fougère ; le quatrième d'arum en crochet et de

CHAPITEAU DE L'ÉGLISE DE CHAMPAGNE.

feuilles d'arum simple ; le cinquième d'arum en crochet et de
feuilles d'arum également simple. Tous ces chapiteaux sont
recouverts de badigeon et plusieurs de leurs crochets sont brisés. Mais tels qu'ils sont nous les préférons à ce qu'ils seraient
si on les avait grattés. Ce sont de vieux témoins, et l'architecte
qui dans ces derniers temps a réparé l'édifice a eu raison de ne

pas y toucher. On aurait pu cependant les laver à la brosse de façon à enlever le badigeon sans les détériorer.

Les chapiteaux des piliers du transept sont du xv⁵ siècle, comme le transept lui-même. Ils sont historiés, c'est-à-dire composés de feuillages largement découpés, de figures d'hommes et d'animaux expressives et bizarres. Cette sculpture du xv⁵ siècle, si bien fouillée qu'elle soit, perd beaucoup lorsqu'elle se trouve en présence de celle du xiii⁵ siècle. On sent en la comparant avec celle-ci que le grand art a disparu. Dans le chœur, sur les chapiteaux des colonnettes, on retrouve l'ornementation du xiii⁵ siècle, ornementation moins sévère et plus variée peut-être que celle de la nef, indiquant bien le milieu du siécle. On y voit le trèfle, la renoncule, la chélidoine, le figuier et même le lierre. On y voit aussi quelques chapiteaux de nénuphar qui semblent avoir appartenu à une construction plus ancienne et contemporaine des chapelles absidales. Ce qui est hors de doute, c'est l'antériorité de ces chapelles. L'ornementation la prouve aussi clairement que la construction. Là, en effet, nous ne trouvous que l'acanthe romane et le nénuphar qui est l'une des plantes primordiales du gothique. Cette sculpture est très soignée, très fine et mérite d'être étudiée. Quant aux petits chapiteaux du clocher, ils sont aussi d'un beau travail : ils donnent de l'arum et du nénuphar.

Le portail de notre église ne présente, sauf les roses, rien de remarquable. On pénètre habituellement dans l'édifice par une porte ouvrant sur le collatéral droit. Elle est précédée d'un porche. Porte et porche sont du xvi⁵ siècle et, malgré leur détérioration, peuvent offrir de l'intérêt aux amis de la Renaissance. Sur le trumeau de la porte se tient une Vierge que l'on s'accorde à considérer comme étant du xiii⁵ siècle. Il est probable que cette statue ornait un portail contemporain de la nef et qu'elle aura été conservée lorsqu'on aura démoli ce portail pour construire le porche. Cette œuvre n'est pas sans mérite. Marie regarde le ciel et tient dans ses bras l'Enfant divin qu'elle semble présenter à ceux qui entrent dans l'église. Sa tête est ceinte d'une couronne royale à larges fleurons. Sa pose un peu cambrée rappelle celle de la Vierge du portail nord de **Notre-Dame de Paris.**

Malheureusement le visage est endommagé. Quant à l'Enfant Jésus, sa tête a disparu. Cette statue est bien drapée, malgré la raideur de certains plis de la robe et du voile. Presque toute la statuaire du moyen-âge, exposée à l'injure du temps et aux coups des hommes, a été emportée par les siècles ou brisée par les révolutions ; et, si les statues de quelques-unes des grandes cathédrales ont échappé à la destruction, celles des petites églises ont péri ou nous sont arrivées, pour la plupart, dans un état déplorable. Aussi. lorsque l'on trouve une statue ancienne dans une église de campagne, faut-il se réjouir et la saluer avec respect. L'église de Champagne est placée sous l'invocation de la Vierge, et sa statue semble depuis six cents ans protéger ce bel édifice.

L'ÉGLISE DE TAVERNY

Nous n'avons pas à faire l'éloge de l'église Notre-Dame de Taverny, connue et admirée de tous les archéologues qui se sont occupés de l'architecture gothique dans la région que nous étudions, et dont l'abbé Lebeuf a dit : « L'église de ce bourg est incontestablement l'une des plus belles qui se voient dans tout le diocèse de Paris. » Son extérieur est, en effet, charmant, et lorsqu'on pénètre dans son intérieur, on se croirait dans une petite cathédrale.

Le chœur, qui paraît un peu plus ancien que la nef, peut dater des dernières années du XIIe siècle ou du commencement du XIIIe. La nef est du pur XIIIe, sauf, bien entendu, les retouches faites au XVe et dans ces derniers temps, mais qui n'en ont pas altéré le caractère. Elle se compose d'une nef, d'un transept, d'une abside flanquée de deux chapelles sur le transept et de deux bas-côtés. Il n'existe pas de pourtour du chœur. Sa longueur est d'au moins 50 mètres, sa largeur est proportionnée à sa longueur et sa voûte a 17 mètres de hauteur.

La nef a quatre travées. Ses piliers sont monocylindriques, surmontés, à droite, de chapiteaux octogones et, à gauche, de chapiteaux carrés. Sur ces chapiteaux s'élèvent les colonnettes dont les hauts chapiteaux reçoivent les retombées des arcs ogives de la voûte. Les grands arcs ou arcs brisés de cette nef sont bien dessinés, mais n'ont qu'un seul tore. C'est l'arc brisé dans sa simplicité primitive. Au-dessus des grands arcs existe un triforium qui se continue dans le transept et l'abside. Dans sa section faisant partie du mur du portail, il a été récemment ajouré. Les fenêtres, refaites au XVe siècle, sont larges. La voûte est majestueuse. Dans les bas-côtés de cette nef, d'élégantes arcatures existent sur les murs de clôture.

Le transept est en parfaite harmonie avec la nef. Chacun de ses bras ou croisillons se compose de deux teavées. Dans les deux premières de ces travées se trouvent les chapelles absidales. Le croisillon droit a une rose nouvellement faite, dans le style du xvᵉ siècle et vraiment jolie.

L'abside est circulaire et se compose de cinq petites travées séparées par de légères colonnettes qui, partant du sol, montent jusqu'à la voûte et reçoivent sur leurs chapiteaux les retombées des arcs. Toutefois cette abside nous a paru manquer un peu de profondeur. Il est vrai qu'il existe derrière l'autel un retable du xvᵉ siècle, qui a sa valeur, mais qui coupe l'abside dans sa hauteur et tue sa belle perspective. On ferait bien de l'enlever et de le placer dans une autre partie de l'édifice.

Cette église est splendidement éclairée. Au portail, au-dessus de la porte, sont deux grandes fenêtres donnant du jour dans la nef, et, de chaque côté, à la même hauteur, une fenêtre jette de la lumière dans chaque bas-côté. Au-dessus de ce premier rang de fenêtres il en existe un second correspondant au triforium, qui, par suite, se trouve éclairé. Les fenêtres de ce second rang sont au nombre de six. Puis viennent trois grandes fenêtres, celle du milieu plus haute que les deux autres. Toutes ces fenêtres, sauf peut-être les deux petites, donnant sur les bas-côtés, étaient feintes. Elles ont été ouvertes lorsqu'on a fait la rose du croisillon sud du transept. Vus de l'intérieur, ces trois rangs de vitraux sont de toute beauté. Huit grandes fenêtres éclairent la nef, trois fenêtres et un oculus existent dans le bas-côté droit et quatre fenêtres dans le bas-côté gauche.

Le transept sud a la rose dont nous venons de parler. Au-dessous, dans le tympan de la porte, se trouve une petite rosace à six lobes, accompagnée de deux quatre-feuilles à sa base. Cette rosace est ancienne. Trois fenêtres existent dans la partie est de ce transept et deux dans la partie ouest.

Le transept nord est élairé par deux rangs de fenêtres. Celles du premier rang sont d'égale hauteur, mais, dans le second rang, celle du milieu dépasse les deux autres. Deux fenêtres du xvᵉ siècle se trouvent dans sa partie est et deux fenêtres plus anciennes dans sa partie ouest.

L'abside est éclairée par deux rangs de fenêtres séparées par le triforium. Chaque rang a cinq fenêtres. Dans les chapelles absidales, la lumière ne manque pas non plus. Chaque chapelle a trois de ses cinq petites travées percées de fenêtres. Dans la chapelle droite, ce sont les trois travées à gauche qui ont du jour; dans la chapelle gauche, ce sont les trois travées à droite qui sont éclairées.

Comme on le voit, ce monument est presque transparent. Aussi respire-t-il la jeunesse et la vie. On prétendait autrefois qu'un édifice gothique devait être sombre. C'est une erreur. L'intérieur de Notre-Dame de Paris est là pour le prouver, car ses merveilleuses sculptures sont presque invisibles dans l'obscurité de ses nefs. A Notre-Dame de Paris, tout est triste; à Notre-Dame de Taverny, tout est joyeux. Passons à l'ornementation.

La flore de Taverny est variée. Comme composition et exécution, elle a la valeur de celle de Gonesse et de Beaumont-sur-Oise. Le chapiteau du premier pilier de la nef, à droite, pilier engagé dans le mur du portail, présente de l'arum ; celui du deuxième, de la renoncule ; celui du troisième, évidemment refait au xve siècle, du chou frisé ; celui du quatrième, de l'arum, et ceux des colonnettes engagées dans le gros pilier du transept qui reçoivent l'arc brisé de la nef et les arcs ogives du bas-côté donnent de la vigne et du chêne magistralement traités. On reconnaît le chêne aux fortes nervures des feuilles.

Le chapiteau du premier pilier de la nef, à gauche, pilier engagé dans le mur du portail, donne du trèfle, de la vigne et une feuille lancéolée qui peut être de l'olivier ou du muguet ; ceux des deuxième, troisième et quatrième piliers viennent d'être refaits. Ils sont d'arum avec crochets de vigne et de trèfle. Les chapiteaux des colonnettes engagées dans le gros pilier du transept, qui reçoivent l'arc brisé de la nef et les arcs ogives des bas-côtés, sont également d'arum en crochet.

Sur les hauts chapiteaux de cette nef on aperçoit beaucoup de trèfle. Ce trèfle, accompagné de la vigne, semble aussi dominer sur les petits chapiteaux du triforium. Dans la partie éclairée de ce triforium, on remarque quelques chapiteaux refaits au **xve siècle.**

Dans le bas-côté droit, les chapiteaux des arcatures sont d'arum, de vigne et de trèfle. On y voit un chapiteau de chêne pointu, avec gland, très original. Dans le bas-côté gauche, les chapiteaux des arcatures sont moins beaux. On y trouve l'arum, du nénuphar d'un aspect archaïque qui surprend dans une nef du XIIIe siècle, et du trèfle.

CHAPITEAU DE L'ÉGLISE DE TAVERNY

Les hauts chapiteaux des piles du transept sont, à droite et à gauche, d'arum formant crochet. En arrivant dans ce transept, on est en présence de la partie la plus ancienne de l'édifice. Dans le croisillon sud, la sculpture est très belle. On peut y rattacher les chapiteaux de vigne et de chêne si largement traités que nous venons de signaler. Les deux piliers de la chapelle absidale ont des chapiteaux admirables. Celui de droite offre de la vigne à lobes simples ; celui de gauche, de la vigne avec échancrures. Cette vigne touffue, profondément fouillée, a des arrangements d'une suprême élégance. Ces deux chapiteaux sont des chefs-d'œuvre. Sur les petits chapiteaux supportant les arcs de la voûte de cette chapelle, la vigne apparaît encore avec un peu de fougère et des réminiscences de nénuphar. Enfin, sur les hauts chapiteaux du croisillon et sur ceux de son triforium, l'œil distingue de l'arum, du chêne et une petite feuille isolée qui doit être de la grande berce. Deux ou trois chapiteaux du triforium ont été refaits au xve siècle. Le croisillon nord a sa partie haute cachée en ce moment par un échafaudage, et les chapiteaux de la chapelle absidale sont seuls visibles. Ceux des piliers de cette chapelle donnent : celui de droite, de la fougère et, celui de gauche, de la vigne. Ce dernier chapiteau a été refait. Sur les petits chapiteaux supportant les arcs de la voûtes de la chapelle apparaissent l'arum, la vigne et la renoncule. Les clefs du transept méritent d'être signalées. Celle de la partie médiane est faite d'une couronne de vigne ; celle du croisillon sud, d'une couronne de fougère, et celle du croisillon nord, d'une couronne de vigne.

Les chapiteaux des deux piles du chœur sont formés de vigne et de fougère. Ceux des colonnettes de la première rangée de fenêtres présentent de la vigne et de la fougère. L'arum se voit sur les chapiteaux du triforium. Les fenêtres placées au-dessus du triforium n'ont pas de colonnettes et, par conséquent, pas de chapiteaux.

Nous donnons ici le chapiteau du deuxième pilier de la nef, à droite, formé de renoncule, qui nous a été gracieusement dessiné par M. Marcel Robert, artiste décorateur, qui possède à un haut degré le sentiment du gothique.

L'ornementation du grand portail est nouvelle ; mais celle de la porte du transept sud est ancienne. Il y a là trois rinceaux de vigne interprétée de manière différente et vraiment remarquable. Les douze chapiteaux des colonnettes sont également beaux. On voit là, d'une façon frappante, la puissance créatrice et l'incomparable coup de ciseau de nos premiers artistes. Cette sculpture de Taverny mérite d'être étudiée dans tous ses détails. N'oublions pas une superbe frise de vigne qui court tout autour de l'édifice à la hauteur de la toiture. La vigne a été la plante préférée des sculpteurs de Taverny. Elle y était, d'ailleurs, très cultivée, aussi l'a-t-on jetée avec profusion sur les chapiteaux et dans les rinceaux. Il existe une troisième porte qui donne sur le bas-côté-sud. Cette porte, qui était feinte comme les fenêtres du grand portail, a été ouverte et son ornementation est récente.

Située sur le versant de la montagne de Montmorency, à la lisière même de la forêt, notre Eglise avec sa voûte élancée, ses contreforts, ses arcs-boutants et son clocher d'ardoise posé sur le croisillon droit du transept, a une silhouette des plus pittoresques. Ce clocher carré du xv⁰ siècle, a quatre ouvertures sur chaque face. Il se termine par une flèche octogonale accompagnée de quatre clochetons. Les abat-son se présentent en saillie sur les ouvertures. Le tout est très original.

Notre-Dame de Taverny, comme l'indiquent les nombreuses retouches que nous venons de signaler, a été restaurée dans ces dernières années. M Simil, architecte des Monuments historiques, a été chargé de ce travail. C'est lui qui a ouvert les fenêtres du grand portail, la petite porte du bas-côté droit, et qui a fait la jolie rose du croisillon-sud, sans parler des gros ouvrages qu'entraîne toujours la restauration d'un édifice ancien. Or, il faut lui savoir gré de trois choses : la première d'avoir su jeter un flot de lumière dans le monument sans en changer le caractère ; la deuxième d'avoir, là où il était nécessaire, fait une sculpture qui s'harmonise bien avec l'ancienne ; la troisième, enfin, d'avoir respecté les chapiteaux et les rinceaux anciens, préférant leur laisser leur badigeon que de les abandonner à l'outil d'un manœuvre qui en aurait altéré les contours et enlevé le modelé. Cette sage réserve, cette discrétion font honneur à l'artiste. Aussi, après comme avant sa restauration, l'Eglise de Taverny reste-t-elle un des plus intéressants édifices de ce beau pays d'Ile-de-France si riche en souvenirs du passé historique et artistique de la patrie.

TABLE DES MATIÈRES

TABLE DES GRAVURES

IMP. G. COLOMBIER, 4, RUE CASSETTE, PARIS.

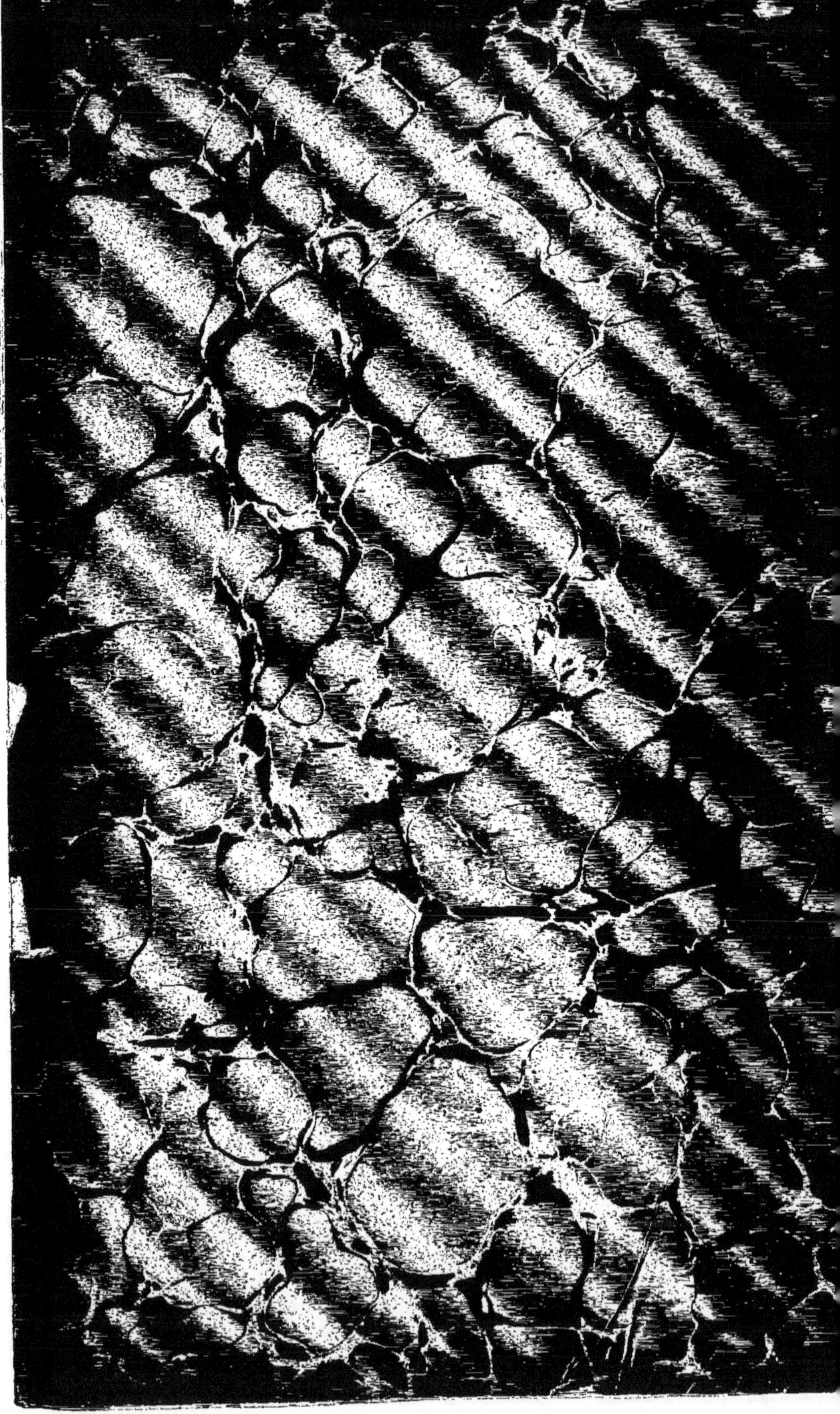

www.ingramcontent.com/pod-product-compliance
Ingram Content Group UK Ltd.
Pitfield, Milton Keynes, MK11 3LW, UK
UKHW020010100726
13658UKWH00002B/898